鴻食代

HOME STYLE

27道人生菜單

陳鴻——著

郭正宏——繪圖

目錄

推薦序

台北故事館

原味的純粹

美食啟蒙

美味的關係
亞洲美食天王

浴火重生的智慧

病癒體悟

面對與放下

華麗轉身

記憶中的鄉愁

中年回歸

推薦序

讓在地食材幻化成一道道佳餚

台東縣副縣長／王志輝

葉子因愛心化成花朵、花朵因敬意化成果實、阿鴻因熱情化成美食。

這幾年，食神阿鴻常在台東協助農特產品的行銷，許多天然不為人注意的植物或果實，在他巧手的烹調下，變幻化成一道道的佳餚。透過網路的行銷，讓更多人認識到台東農業的真善美。與邸台東的小洋合作《阿鴻的行動餐桌》，他跑了台東許多的農村、漁村及部落，幽默風趣的阿鴻，在他的介紹下，每個農漁產品都顯得生動誘人，看完他的介紹，不但讓人想品嚐台東的食物，甚至想到台東來遊玩體驗。

隨著全球化的腳步，農業受到的衝擊很大，連帶飲食習慣也都改變，進口的食材生產過程大多大量及標準化，很少有特色的農產品，但台灣的農業生產規模小，因此農民在生產上特別用心，尤其花東地區在好山好水的環境下，農民選擇採用有機或友善方式生產，每一口都可以感受到東部熱情的太陽及優質無污染的水源孕育過的味道。很難想像阿鴻居然能走遍如此多的地方，並且將這些食材的故事娓娓道來，這樣對待食物的方式不只是口感，更重要的是認識食物背後的人事物。

這本書當中特別介紹了台東釋迦及旗魚兩種食材，這兩項農漁產台東產量都是占全國最高的，釋迦大多以出口為主，但其實在台灣也是很受歡迎，阿鴻用沙拉的方式料理釋迦和洛神花，可以讓釋迦的味道多元化。台東旗魚品質是台灣最好的，透過每年有旗魚季的活動，加上阿鴻的料理推薦，相信會讓更多人來東海岸享用台東美味的海鮮。

台東農產品的特色是量少質精，最適合當作精品來行銷，感謝阿鴻近年來在台東的努力與貢獻，好幾次有幸能與阿鴻同台一起行銷台東的農產品，包括關山的醃蘿蔔、台鐵的紅藜便當、邸台東的餐桌計畫，他長期的媒體演出經驗，讓他的出場總是笑聲不斷，也因此讓更多都會區的人能認識台東美好食材，而這本書不只能讓人認識阿鴻這位創意總監的內涵，更能從他的視角認識台灣食物的美好。

推薦序

以食入情，真誠剖白

屏風表演班監製／王月

我是陳鴻二十多年的老友，也或許在我們認識的第一天，就是老友了。因為這就是陳鴻與生俱來、獨一無二的待人特質，他總是不管你來自何方，不論你的職位、背景，他就是你的老友——阿鴻。

《阿鴻上菜》是二十多年前台灣家喻戶曉的電視節目，是每日陪伴家庭的貼心佳餚。陳鴻一手包辦製作、編導、主持，內容有條不紊，創新美食節目各式風格，總讓上節目的各個來賓有了最佳舞台，他也是最會把我演藝長處展現出來的伯樂。

後來他移居海外，其中更不斷在馬來西亞、新加坡、上海、法國、日本為台灣美食爭大光，繼續成為世界各地的「師奶殺手」。近年來我已不叫他阿鴻，我尊稱他「鴻少」，他暱喚我一聲「月嫂」，兩人不論相隔多遠，逢年過節、有事沒事，我們總有關愛的訊息往來。

非常賀喜鴻少回台，認真地完成《鴻食代Home Style》如此極品之書，書中字字句句以食入情，生動地介紹美食的來源、文化和做法，並以美食做陳鴻個人成長的時間縱軸，真誠剖白地拉開自省情懷的橫幅，情感的蔓延篇篇令人動容不已，不僅給了滿室生香的嚮往，更給了讀者心靈自我凝盼的飽食韻味。

長久以來一心期盼的「鴻食代」真的來了！我真心推薦這本好書和這位好人，當有日陳鴻在街頭巷尾出現在你面前時，也請放心地與他成為老友，因為他的好心好菜，一定讓你「鴻氣生財」！

推薦序

用舌尖品味人生

華人綜藝教父正大集團總裁／江吉雄

生命萬物，永存不息，以食為天。能用舌尖品味人生，將人間百味分享給生命中遇到的每一個人，每一份用心的菜單食譜都令人感動，激發起保護生命的感悟。鴻食代的人生菜單，善心吉人，福壽生命，在此能對好友阿鴻致意，深受感悟。

推薦序

創造幸福時光

白金花園酒店執行長／林淑女

亞洲美食天王阿鴻，在電視廚藝界是家庭主婦追隨的型男主廚，跟隨《阿鴻上菜》介紹的各式料理美食，讓家庭主婦賞心悅目學習料理手法再製作給家人享用，讓一家人在家享受豐盛的餐食，促進家庭幸福和樂的氣氛，《阿鴻上菜》給予大眾的不只是美食料理的教學，更是促使社會家庭幸福和樂的原動力，相信這和阿鴻謙卑的個性息息相關，也讓《阿鴻上菜》能不斷激盪出各式各樣的創意菜，看著阿鴻製作料理如魚得水般悠遊自在。

《阿鴻上菜》有一道特別的創意菜，用最簡單糖燻的方式將魚肉去腥提味，那一道菜「黃袍加身白鯧魚」有別過去把魚放到油鍋煎炸容易支離破碎挑戰廚娘的方式，不但簡單又容易，更能吃到魚肉的原味新鮮，糖燻加分更耐人尋味，是我逢年過節都會料理的一道菜。

獲知《鴻食代》即將出版發刊，內心十分悸動，看著螢幕中的阿鴻親切和藹的將一道一道菜色料理成色香味俱全的美食擺盤上桌，現在可以藉由出版書籍讓人可以更自在的在客廳欣賞書中內容，再到廚房照本宣科將食材料理成最美味的佳餚和家人一起享用，讓每個家庭都能隨時創造出和家人的幸福時光。

推薦序

食遊天下

華欣食品股份有限公司總經理／許裕麟

亦師亦友天然純真的陳鴻，兩人認識五年了，第一次見面在飛碟電台的美食節目，陳鴻那純真又專業的性格，當下感覺這是可深交的好友。

此書是陳鴻食健康而出發的畢生所學及食天下遊天下之精華，以食物素材本質走向而料理的技巧，在此書可以洞悉中華千年食髓，融合了近代料理工法，細看三次，感受必定加倍。

推薦序

對味

自由落體設計公司董事長／陳俊良

那是越過多少座山，飄過多少片海才能品味出的人生味！

我認識阿鴻時，他已經是無人不知的大明星，原來只知道他是新竹人，聊天時才發現，我們有可能在平行時空的某一段時光，住在新竹中山路上石坊里的隔壁鄰居，那是新竹市中心最有名的城隍廟旁，只是當時我們都太小了，都還在逐夢的年紀，尚未找到未知的位置，也難怪他有著對美食如此不妥協的味蕾，因為新竹人生來就有一張挑剔嘴，無可救藥的吞不下任何不美味的食物，最後無路可走的時候，只能做好吃的東西給自己吃給別人吃，從小培養出對位的對味，以致長大對凡事的堅持，我們都熟悉在完美之前一切都不完美，塵世三十年過去了，我所熟悉的阿鴻依舊瀟灑，歲月的現實從來沒有拂過他臉龐，而人生嚐過的五味雜陳，不啻是生命的箇中滋味！

走到走不到的地方是永遠，我想我們都體會到那份永恆味！

推薦序

最有溫度的美食故事書

圓山飯店副總經理／陳愷璜

如果說我是看《阿鴻上菜》節目長大的，陳鴻可能開心不起來，因為我們年紀差不多，但是「長大」在這裡是「啟蒙」的意思，因為看《阿鴻上菜》，才讓我對食物產生「品」、「味」，所以現在是以「粉絲學生」的身分來表達對陳鴻老師這位足跡遍及海內外「台灣美食大使」的敬意。

從過去在電視機前看到的陳鴻，到為圓山錄製「百菜百味」認識的陳鴻，都讓人見識到仔細、專業的一面，他從過去教大家做一道菜，或到一個地方吃美食的單純，現在則是透過食物帶出更多人文故事，讓菜餚更有層次與溫度，圓山國宴料理就是在他再次詮釋下才能經典重現，國宴故事才得以繼續傳唱下去，《鴻食代 Home Style——27道人生菜單》就是一本可以從故事中品味一道菜完成不易的精采，如入其境。

人的「五感」，視覺、聽覺、嗅覺、味覺和觸覺，與食物有直接關聯的包括視覺（色）、嗅覺（香）、味覺（味），當然還有難忘的食材在大鍋裡與熱油交融合奏的「滋滋」、「噼里啪啦」聲（聽覺），以及孩提時對陌生食物，不禁伸手觸摸的感覺（觸覺）。「五感」讓我們感受到食物豐富的層次，而這豐富層次經年累積下來的味道，成了我們對家、對親人、對朋友、對土地、對文化等等，最深的記憶連結。

看著陳鴻的最新作品《鴻食代 Home Style——27道人生菜單》，雖說的是他的美食人生，菜單也看似樸實無華，但都是我們每一個人從小到大都吃過的小吃、古早味。而我們的人生不就是這樣藉由一道一道，有著母親味道、家鄉味道的食物所串連，也許久埋心底，但終不曾遺忘，這「味道」會在某一瞬間浮現，就如作者陳鴻自序文所言：「青鳥就在身邊，似水流年，回首瞬間，看盡人情世事，生命況味一一浮現。」

《鴻食代 Home Style——27道人生菜單》敘述精采，引人入勝，不僅可以慢慢回味作者的人生、自己的人生，同時，可以了解到這些地方美食背後許多的故事、食材的認識，而且書中顛覆傳統，以插畫代替照片，更展現本書的親切與溫度，讀完本書，對地方飲食文化的演進，一定有更深一層的體認，「台灣美食大使」陳鴻當之無愧。

推薦序

人間食尚

群群地毯董事長／陳美岫

陳鴻以節目《阿鴻上菜》走紅，創國內型男食神的先河，把烹飪做成「時尚」並在「時尚圈」享有高人氣，近年受邀擔任明新科技大學副教授與創意執行長，在跨越實務與教學之後，對於廚藝必有更深更廣的創見，新書《鴻食代Home styles》讓人期待陳鴻更上一層並且平易近人的「食尚」展現。

推薦序

珍貴豐盛的人生菜單

明新科技大學服務產業院長／張盛鴻

去年，在驚訝中見到《阿鴻上菜》的節目主持人陳鴻，他在台上侃侃而談，又像個電影明星一樣到處陪我們哈拉、自拍，很難不被他的個人活力與魅力所感染，原來，他以傑出校友、美食家、創意家的身分被明新科大聘為服務產業學院的「創意執行長」。

今年二月，我銜命接任服務學院的院長，頓時與陳鴻老師有了密集接觸的機會。他帶領旅廚系師生到處征戰，屢獲中外美食界的大獎；課程中開直播，生動活潑的創意總讓學生期待；搭配本校USR計畫到原鄉應用在地食材即興製作美食；引進名廚搭配上課；代言台鐵美食列車、阿鴻行動餐桌……，值得一提的是，他把營造個人品牌的經驗傳承給明新科大的學子們。

每次與阿鴻老師深談，都會很奇妙的被引導到他的意境裡面去，不自主地主客易了位的變成他在滔滔不絕的講他的創意與夢想，他言談的迷人之處在於，你絕對想不到他是一位大廚師，反而更像一位創意家、生活家、哲學家……，若不是時間的制約，我喜歡跟他一直談下去。

阿鴻老師的最新文字作品《鴻食代》，透過對台灣在地特有的菜單的深切體會，勾勒出一場場精采的故事，細細品味，不僅僅是舌尖味蕾的享受，卻引發出心靈的共鳴，對我們日常所接觸的家常菜單，頓時升起一股莫名的驕傲與喜悅——透過陳鴻老師的文筆，我們感受到老一輩留給我們的菜單竟是如此的珍貴與豐盛！

推薦序

味蕾的旅行

世界頂級美食獎創辦人兼主席／張珮琪

欣聞好友陳鴻大哥即將推出自己的新書《鴻食代 Home Styles》，內心充滿期待！

所謂「食無定味，適口為珍」。適合你口味的菜式，大概就可以被稱作美食了。美食是一種生活方式。美食是一種心情。美食向來是旅行中不可或缺的記憶，更是了解當地民情最真切貼近的媒介。

過去曾經有報導指出，十大世界美食天堂其中有五個來自亞洲。那麼亞洲美食到底有什麼魅力，可以讓全世界都為亞洲美食瘋狂呢？說到這，當然由「亞洲美食天王」陳鴻大哥來推薦最合適不過。

該書帶領我們味蕾上的旅行，跨越時間、空間和感官侷限分享亞洲當地的代表性美食。收集了大量目前餐飲業流行的菜式，菜式的風味多樣，地域人群的口味，菜肴的原材料既有高檔的山珍海味，也有尋常百姓居家過日子的普通原料。

在編寫形式上突破了傳統菜單注重菜譜編寫的模式，摒棄冗長的菜譜文字介紹，融技藝性、知識性和趣味性於一體，方便讀者閱讀。是一本不容錯過的跨國美食記載。

再次恭喜陳鴻大哥終於完成記錄與分享自己周遊列國對亞洲美食的文化傳承，研發的認知和情意結。

期待這珍貴好書的出版。

推薦序

不忘本心

遠雄總經理／張麗蓉

時光飛逝，認識陳鴻老師已十年有餘，記得剛認識時對他第一個印象是一位學識淵博，文采飛揚，言語之間更充滿自信，還有無窮的精力與積極的正面力量。工作上他身兼主持人、美食達人、創意主廚等身分，還記得曾經參加過陳鴻老師的電台節目，節目上美稱他為色香味俱全的主持人，更是斜槓人生、多方發展的代表人物。認識之後，發現我們都是新竹人，在彼此相處之中，感受到陳鴻老師對人的真誠，對家人的孝順，還有他不管再忙碌的工作生活中仍保有自我，更是件不容易做到的事。我一直很好奇是如何豐富的閱歷能讓陳鴻老師如此廣博，看完這本書，終於了解原來這些美食記憶是來自陳鴻老師的不忘本心與尋根思源。

新竹的古早味連結起我們的關係，書中介紹的美食特色，其中有一道「麻油雞」更是喚起思鄉之情。是記憶中母親常在小時候準備一碗麻油荷包蛋最佳補品，只有在過年時才有麻油雞湯可以慶歡年。因此就成了職場上與工作夥伴在年節時互相鼓勵的來源。服務業的我們常在大年初一時需要營業上班，同仁因工作關係無法與家人好好相聚。因此每逢大年初一開工，除了在案場親自煮上這碗麻油雞湯，也會搭上象徵延年益壽的長壽麵線，讓許多離鄉工作的同仁也能嘗嘗過年團圓的滋味。但也因為有了這道菜，人與人之間有著不一樣的溫暖。我親手煮麻油雞不只是料理、更是暖所有人的心，能讓同仁在每年初一吃到家的味道，也是象徵「呷雞乎你起家」的好兆頭。所以烹飪，對我來說不只是一道料理，也代表著「家」。家為我們起始生活的地方，生活與工作是密不可分的，希望藉由這本美食生活書能一同感受及增長。

陳鴻老師在工作中、生活中都熱情地做自己，並將所知所學透過這本書與大家分享。看完本書，我更了解烹飪是一門很大的學問，連結的是生活、工作與家庭。透過這些文章讓我能了解到人必須要因應各種不同的角色，並將其融入於自身的生活及工作中。對於本書中的自序〈青鳥就在你身邊〉，閱後有著最多的感觸。能勇敢面對自己，並且慢慢的將最原本的自己顯現於大家，是最不容易的。人要在最舒適的狀態，才能做最喜歡的自己，所以「返璞歸真」是這本書給我最好的學習。人在成長過程中，「過去」只是成長的養分，我們不能忘記過去的失敗教訓，要感謝過程幫助的人，才能留下成功的甜美經驗。陳鴻老師這位人生創意總監，將豐富的閱歷化為行雲流水，此書可做為美食文學，更能當一本人生小說般的輕鬆閱讀。期許陳鴻老師持續分享這豐富且精采的人生，成就更多不可能的任務！

推薦序

料理就是一種人生的修煉

優緹科技董事長／黃玉緹

在台灣，美食是一座橋樑，拉近人與人之間心的距離，那就是幸福的味道。

我眼中的陳鴻，飽覽中西飲食文化，嚐遍世界各地美食，廚藝精湛並致力於提升吃的素質與美學，同時也非常注重飲食養生，他更是第一位把台灣小吃帶到全世界的美食家。

而《阿鴻上菜》，不只是食材挑選和風味，更蘊藏了藉由菜色所傳遞出在地溫度，就如他所說，不同的時代會有不同食物的記憶，而這些記憶最終會變成一觸即發的鄉愁，在每個人心中抹不去的情懷。

一直以來，陳鴻的創作料理帶著我們品味人生，從型男主廚到生活美學家，走過千山萬水，他透過食物帶出更多人文底蘊和故事，傳承地方老味道展現生命的優雅。

「大味若淡、大道至簡。」為何台灣小吃這麼迷人？他曾說，「料理其實就是一種修煉，有多少人能每一天把作品都做到一致？小吃職人們所表達的，就是一種自在和安平的生活態度。」

閱讀陳鴻，讓我們領略，佳餚之外，最美的終究是人。生活確實又忙又累，但也正因此提醒我們，永遠不要忽略相處的瞬間，因為也就是那瞬間，彼此才會有永恆。

自序
青鳥就在你身邊

年輕時汲汲營營，終日忙於工作，從來不曾認真且仔細思考過：「幸福有多近，永遠有多遠。」這樣既簡單卻也複雜的人生哲學問題。

光陰易逝，如白駒過隙，出走半生，歸來已是中年。

似水流年，回首瞬間，看盡人情世事，生命況味一一浮現。

再次回到這片孕育我的土地才赫然發現：尋尋覓覓，苦苦追尋了大半生的答案竟昭然若揭，清晰可見，原來幸福不必外求，就在我們伸手可及之處，幸福的青鳥就在身邊。

就像年少時讀過的詩句一樣：「盡日尋春不見春，芒鞋踏遍隴頭雲，歸來笑拈梅花嗅，春在枝頭已十分。」

歷經千山萬水，走過繁華歲月，一別經年，沒料到風土依舊，人情猶在，感謝一切美好的曾經，感謝許多人對於《阿鴻上菜》一如既往的關照與惦念。家鄉故土令人眷戀與懷念的滋味，也只有離家多年，漂泊在外的遊子才能體會一二。

年過五十，行至中年，才深刻體悟到唯有一家人平平安安，和和美美的歡聚一堂，世上再沒有比這種尋常而平淡的幸福更能引人入勝了。

人生在世，需不念過去，不懼未來，活在當下，勇於割捨與追尋。《金剛經》說：「應無所住，而生其心，」其實也就是生清淨心。

這次把和家人彼此之間，多年來複雜難解的關係和情緒攤開在陽光下，其實不會有任何心結或芥蒂。我感覺到十分慶幸的是，不用等到最後一刻，或是等到來不及告訴父親的遺憾發生。

當自己勇敢面對，把過去隱藏在心裡三十多年的話當著他的面，用平和的語氣表明，自然就已經原諒過去，更感謝父親給我一個學會放下的機會，學習如何重新面對自己負責的人生。

我們倆的關係從過去的互相迴避，到現在重新再生的關係建立。從他的身上，我認識老化過程的必然，也從彼此熟悉又陌生的接觸中體會到：得來不易的信任慢慢轉變至漸入佳境的過程，也讓我更加珍惜目前相處的每一天。

恭喜自己終於長大，能夠獨立思考如何找到自己的位置與價值。

曾經我們會不經意的埋怨父母能力有限，無法成為我們希冀和想像中的形象，但父母畢竟也只是凡人而已，他們無法為孩子做他們所有需要和想要的一切，最後只能允許他們做自己，成為自己所想成為的樣子。

至少要感謝父母，給我一個一般家庭沒有辦法提供給孩子們的空間，任憑我盡情發揮。

送給我這一輩子最重要的男人，感謝您給我豐富且精采的人生。

陳鴻　于二〇二〇年八月八日

原味的純粹

美食啟蒙

鮑魚明目養生粥

修復親情的橋樑

以前餐飲美食界有句用閩南語說的老話：「龍蝦攪汁，鮑魚切角。」意思是將龍蝦攪碎打成汁，鮑魚切成塊狀之意，是用來比喻最為豪奢的吃法。甲殼類具有的維生素A可以明目，減輕眼睛的疲勞，幫助新陳代謝，而鮑魚則是要切成塊狀，才能保有其Q彈的韌性和口感。

在越南胡志明市一帶，習慣將龍蝦製成丸狀來吃。早年在台灣的酒家菜中，也經常大量使用罐頭食材，例如鮑魚、螺肉、花瓜、肉醬……，而鮑魚就是頗負盛名的一道菜式，更是四大海味（鮑魚、魚翅、海參、魚肚）之首。

日據時期，北部的酒家以大稻埕的「江山樓」最為知名，也算是酒家菜最早的起源。據記載，江山樓還曾經接待過當時的日本皇太子裕仁，也就是現在德仁天皇的爺爺——昭和天皇。所以無論是政府官員或是地方鄉紳宴客，由於宴席上必定聚集了商賈名流、文人墨客，因此，桌上多半都一定要有鮑魚這道菜式，才能夠彰顯出主人家的身分尊貴與講究排場。

因為工作而相識多年的出版社編輯曾經送我一罐鮑魚罐頭，不過這罐鮑魚罐頭我卻是一直放在廚房裡珍藏著，捨不得輕易吃掉。因為我一直在等，等一個有一天能和父親一起吃這罐鮑魚的機會。

在我年幼時期的記憶中，鮑魚是早年父親對於爺爺的一份孝敬之心。因為當時鮑魚算得上是金貴

之物，如果偶然能夠得到這樣的稀罕食物，父親自然是要先留給爺爺吃的。而我在父親的言傳身教影響之下，對於鮑魚竟然也產生了這樣特殊的記憶與情感連結。

不由得也因此回想起，當年外婆在彌留之際時，母親總是在一旁親自照料她的衣食起居和日常作息，所有的一切事物都依照外婆的習慣和喜好來安排，務求讓外婆感到舒心暢懷。

母親更是時不時地依偎在她身邊耳鬢廝磨，每晚在外婆臨睡前，總是溫柔地在她耳邊輕聲低哄著，憐愛地撫摸著外婆布滿細紋的臉龐和兩鬢飛霜的白髮，讓她得到猶如在襁褓時那種備受呵護的安全感；有時也會握著她歷經歲月風霜的雙手，似乎想藉由手中的溫度，默默傳達著那些放在心中沒有說出口的言語和情感。

而母親的身影，在隱約朦朧間，也好像回復到孩提時期，又變成了那個

鮑魚算得上是金貴之物，
如果偶然能夠得到這樣的稀罕食物，
父親自然是要先留給爺爺吃的。

整天依賴、撒嬌地膩在外婆身旁的小女孩，細聲細氣的尋求著媽媽的關心與注意，或者調皮耍賴的和媽媽討要東西。

看到外婆和母親彼此之間的互動情形，我時常忍不住在想：不曉得在那個時候，在外婆走到生命歷程的最後一個階段，究竟是誰安慰了誰？又是誰依賴了誰？又或者，她們是在彼此安慰彼此，互相依賴著對方，想在最後的那一瞬間，填補所有來不及完成的遺憾。

從上一代和長輩互動的過程中，我看到了我們東方人普遍都偏向這種內斂含蓄的表達情感方式，情意深重，卻從不明說。一言一行，

隱隱約約之間，都是將父母長輩放在心上珍而重之的舉止，孝心表現在日常生活中衣食起居的牽掛惦記裡。

傳統的父母親很少會對子女們說出「我愛你」這樣露骨的言語，但卻時刻不忘叮嚀我們要記得按時吃飯，天冷了要添衣，晚上要早點睡。即便我們年紀再大，飛得再高，走得再遠，但在父母眼中，我們永遠都是長不大的孩子，是他們心頭的一塊寶，是永遠割捨不下的情感。

年輕時候因為對於父親離開家庭、背叛母親的不諒解，使得我和父親之間，總像是有一道難以跨越的鴻溝和永遠解不開的心結。我們不僅少有互動，父子之間也很難再回到從前的相處情形，更遑論恢復以往的父子親情。

曹又方曾經跟我說過：「該堅強的時候堅強，該柔軟的時候柔軟。」

多年前的一場大病讓我重新檢視人生，開始省思自己。生病讓我懂得順服，明白人生中有很多的無可奈何和身不由己。

況且，天有不測風雲，人有旦夕禍福，人生是這般的變化無常，何不放下心中執念，活在當下，說愛要及時，才不會徒留遺憾。而且人生中唯一不能選擇的就是父母，有些事可以選擇放下就放下，美麗的錯誤就讓它繼續下去，才能造就現在平心靜氣的我。

我一邊等待著，同時也想像著，父親真正回家的那一刻。

等到那一天來臨，那時我會將一部分的鮑魚切成斜片放置碗中，並且預留幾片做為裝飾之用。再將家裡剩下的隔夜飯加上罐頭鮑魚裡的湯汁，熬煮成綿密糊化的鮑魚粥，上面再灑上一些白胡椒、土芹菜和枸杞調味和裝飾，最後再將預留的幾片鮑魚鋪在最上面排列成牡丹花。

然後和父親兩個人，一起坐在家裡的餐桌前，安安靜靜的品嚐著這碗蘊含了幾代情感的鮑魚粥，再細細說起我們和爺爺在老家那些年的共同回憶。

我想，人世間最簡單平淡的幸福滋味，不過如此。

阿鴻上菜

煙燻金錢鮑

台灣近期因為九孔染病，改飼養台灣鮑魚，和大家慣常吃的南非、墨西哥或是澳洲鮑魚還是有點區別的。將蔥薑等食材在鹽水中殺菁熟化，不要超過一分鐘，將鮑魚快速川燙，再去殼去雜質，撈起靜置。接著，在平底鍋中放置鋁箔紙，撒上一點二砂，放入鮑魚，加蓋悶煮，用小火加熱至白煙竄出即可，仿效煙燻滷味的概念，非常好吃。

新竹米粉

千絲萬縷，牽起一生情緣

新竹米粉和貢丸一樣，都是享譽全球，名冠天下的特色名產。而新竹米粉又可分成「水粉」和「炊粉」兩種，主要差別是在於製程中，前者是用水煮熟，後者則是用蒸煮而成的。

清朝時期，就有福建民眾引進米粉，剛好新竹南勢地區盛產稻米，早年米粉乾燥得靠風吹日曬來完成，所以製作米粉也算是靠天吃飯的一種行業。由於南勢、客雅一帶冬天的風勢強勁，非常適合用來風乾米粉，因此，南勢也成為生產米粉的重要城市，所以其舊名又叫做「米粉寮」，也是米粉最早的故鄉。

而新竹因為每年農曆九月左右，東北季風極為盛行，強風吹襲的時間長達一個月以上，所以很早之前就有「九降風」的這種俗稱和說法。

也正是因為這樣得天獨厚的氣候因素，使得新竹的米粉和柿餅得以利用冬天的「九降風」來達到自然風乾的成效，也讓新竹米粉的口感和其他地區的米粉有著很大的不同。

最早的米粉是純米做的，也是現在所看到那種形狀較為粗短的米粉（水粉），通常會用高湯搭配一些配料煮成「米粉湯」。不過由於成本太高，還有口感上的種種問題，所以後來有加入玉米澱粉來調和，不但改善了口感的問題，也讓大眾的接受度提高。

但也因為如此，在幾年前還因為米粉含米量的比例問題，而引發米粉的「正名」之爭。一度分成「純米米粉」、「調和米粉」，也有依照製作方式分為「水粉」和「炊粉」，幸好幾年後，所有種類的米粉又得以改回來「米粉」的名稱，也讓新竹米粉這個擁有一百五十年以上歷史的產業，得以度過史上最大的危機。

新竹米粉經過南寮和客雅「九降風」的風乾與吹拂，呈現「耐煮」的特色。我們家每每在夏天煮米粉湯時，都會先以豬油渣、開陽、蔥段，先爆香，再加入高湯、米粉和芋頭熬煮，煮好之前，最後再加入預留的蔥段，不但米粉久煮不爛，而且湯頭還保有豬油的香氣和開陽的鮮甜，以及口感綿密細緻的芋頭，而這也是我們的「傳家之味」。

每當我吃到米粉湯時，總會不由自主的想起祖父和祖母之間，那種如膠似漆、密不可分的深厚情感。

祖父原是泉州惠安人，他在新竹開設碾米廠之前，是由祖母在家製作米粉，然後祖父再用扁擔挑到龍潭去販賣，可以說因為米粉，為祖父和祖母的家業奠定了日後「起家」的基礎。

煮米粉湯時，
先以豬油渣、開陽、蔥段，先爆香，
再加入高湯、米粉和芋頭熬煮，
煮好之前，最後再加入預留的蔥段，
不但米粉久煮不爛，
而且湯頭還保有
豬油的香氣和開陽的鮮甜。

不知是否因為有過這一段甘苦與共的辛苦經歷，祖父和祖母之間的感情始終很好，彷彿是堅韌的新竹米粉一直維繫著兩位老人家之間的一世情緣。

祖父甚至在祖母過世之後，仍然每天風雨無阻的堅持著，一個人獨自騎著「鐵馬」（閩南語腳踏車之意），慢慢地騎上四、五公里的路程，到祖母的墳上去看她。有時和她說說話，彷彿她還在世一樣，兩人分享著一天的喜怒哀樂；有時則替祖母的墳塋除除草，仍然保持著祖母生前喜歡將家裡環境打理得乾淨清爽的習慣。

我們一家人經常勸阻無效，便會半開玩笑的「取笑」祖父，問他是要去「看風水」哦！直到祖父因為患有糖尿病而無法騎車，才停止去看她。從祖母過世到這個時候，祖父竟然持續去看她長達八年之久。

「結髮為夫妻，恩愛兩不疑……，生當復來歸，死當長相思」，也是因為看到祖父竟然對祖母深情至此，我才初次體會和感受到什麼叫做「愛情」，真正的愛情不是口頭上隨便說說，而是要付諸行動來表現的。從祖父和祖母身上，我看到了這世上有一種叫做「一生一世，相守偕老」的永恆與美好，而這份永恆與美好，便逐漸地在我心中開始發酵。

二〇〇五年，我接到行政院新聞局的邀請，到德國法蘭克福書展以「台灣美食大使」的身分，致力在國際上推廣台灣美食，希望能讓更多人了解台灣的文化與特色。

我們後來決定要製作兩百人份的炒米粉，所以當時我們向一個華人借餐廳來製作半成品。由於先前在九二一地震時，我曾到南投埔里勞軍，所以對於如何製作數百人份的米粉和大鍋飯的流程，有著清楚完整的概念和豐富的實戰經驗。

而且炒米粉要靠「悶」的功夫，一定要用筷子翻拌，不能使用鍋鏟去炒，米粉才能夠均勻受熱，而且也不會斷裂，賣相才會比較美觀。我還特別選用了阿里山的香菇、花蓮的金針、新竹的貢丸，以及芹菜、韭菜、豆芽等配料，終於有機會讓東風的飲食文化，在西方國家做出一次完美的展演。後來在東方衛視也重現過這道「台式CEO炒米粉」。

我突然間領悟到，歷經三十多年的時間，我一直在找一個答案，原來我應該要像米粉一樣，保持一種既柔軟但又很堅韌的姿態。所謂的「home style」，就是找到回家的初心，即使過去有過去的滄桑，現在有現在的悲哀，但這是我們一生的功課，也是我未來之路的定調。

我聯想到德國人追求家庭觀與回歸家庭的概念，「home style」的最高規格不是包場，而是在家宴客的私家宴，是可以讓吃到的人感受到製作者一路走來的人生歷練，如同大家所說的「真情比酒濃」。

一個家不能夠讓人感覺「冷」，所以每個星期至少要煮一次飯，而且餐桌上一定要有熱騰騰的湯；吃飯的過程就像是一種情感溝通與交流的方式。這世上沒有什麼事情比回家更重要，所以我們至少都要保留一半的時間在家務上，培養在家的興趣與嗜好，多留一些跟你在乎的人共處的時間與空間，相信你的生活必定會更加和諧與圓滿。

阿鴻上菜

新竹米粉多樣風味

新竹炒米粉搭配豆芽菜最對味，起鍋前再加入韭菜、油蔥、胡椒拌炒，可以保持韭菜的鮮綠色澤。盛盤上桌時，再淋上一匙的肉臊醬汁，就是最道地的新竹炒米粉吃法。肉臊可用紅燒肉的湯汁、白菜滷汁加兩碗水，大火煮至收乾再轉小火即可。

至於新竹米粉湯，除了可以用豬大骨熬湯，也可以像我家一樣用現成的貢丸高湯來煮，再添加喜歡的佐料和調味料，就是每家獨一無二的米粉湯，就像博多拉麵一樣，不只用豬大骨來熬製湯頭，還加入了大量的豬頭皮持續熬煮，讓它變成白色的濃郁湯頭，風味格外醇厚迷人。

新埔柿餅

歷經風霜，「好柿」總會發生

每年「霜降」一過，大約在九月、十月的時候，新竹都會刮起「九降風」，所以新竹的別名又叫「風城」。而新埔一帶正好是盛產柿子最主要的地區，在九降風吹襲過後，滿山頭的青蔥翠綠轉眼間被一顆顆金黃色的柿子點亮，新埔的丘陵地上就像詩中所描繪的意境——「忽如一夜春風來，千樹萬樹梨花開」一樣，充滿了浪漫的氛圍與美好的想像。

華人地區在過年期間常會購買柿子，以慶祝新的一年到來，取其「事事如意」、「好事會發生」的吉祥寓意。柿子的營養價值極高，有果中聖品之稱。具有豐富的維生素C、胡蘿蔔素，糖和蛋白質，以及鈣、磷、鐵、鉀、鎂、碘等多種礦物質和膳食纖維，能夠降低膽固醇、防止血管老化、動脈硬化，也能調整血壓，對於有便祕困擾的人來說，也有絕佳的潤腸通便效果。不過，柿子也含有單寧酸，最好不要空腹吃，另外，缺鐵性貧血患者和糖尿病患也不宜多吃。

而柿子從果肉、柿蒂、柿葉、柿餅，甚至柿餅上面白色的柿霜，各自都有不同的療效，常見於中醫入藥。《本草綱目》裡就記載：「柿子味甘，性寒，能消熱去煩、止渴生津、潤肺化痰、治療熱咳。」而柿餅味甘澀，性寒，有潤肺、澀腸的功效，對於熱咳、咳血、便血等症狀也有療效。柿霜含有甘露醇、葡萄糖、果糖、蔗糖，也常用來治療肺熱燥咳、咽喉乾痛、口舌生瘡等症。

客家人向來保有勤儉持家、愛物惜福的傳統美德，加上早期許多食物保存不易，或是盛產季節時吃不完的蔬果，客家人便會習慣以醃漬、風乾，或

象徵秋收喜悅的
「曬柿」畫面和香氣，
也構成一幅幅
最美麗動人的
秋天風景。

者是日曬的方式保存起來，留待日後再食用。

如果你是在客家村長大的人，對於柿餅、蘿蔔乾、客家福菜、桔醬……各種食物的香氣一定不陌生，每當我聞到空氣中充斥著各種熟悉的味道，如同讓人感受到像是回到家一樣的安心。

在秋冬的季節來到新竹的客家庄，一定能看到每戶農家在自家古厝的庭院或廣場前，高高立起了棚架。整齊畫一的擺滿了傳統復古的竹篩，竹篩上陳列著一顆顆黃澄澄的柿子，在和煦溫暖的陽光下做日光浴和ＳＰＡ。任何食物有了太陽公公的照拂，呈現出來的味道就是不一樣。

在廣大的庭院裡，陽光穿過篩子和柿子間，灑落在地面上形成錯落有致的層層光影，對照著棚架上閃耀著光彩奪目的一片澄黃，視覺上形成一種鮮明而強烈的對比。伴隨著不時吹起的山風和海風，鼻間盈滿著芬芳馥郁的濃濃果香，這象徵秋收喜悅的「曬柿」畫面和香氣，也構成一幅幅最美麗動人的秋天風景。我想，全台灣除了新埔之外，應該很難看到這樣壯觀又令人動容的景致了。

九降風雖然威力不小，但卻剛好可以利用強勁的風力和十月小陽春的充足日照，將剛剛收成好的一顆顆色澤金黃鮮豔、形狀飽滿碩大的柿子風乾，製成名聞遐邇的新埔柿餅。可以說九降風不但催熟了柿子，同時也孕育了柿餅，九降風之於柿子，猶如春風般令人感到溫柔可喜。

由於新竹擁有「得天獨厚」的九降風和長時間的日照，才能將滿山遍野的柿子製成一個個咬勁十足的柿餅。除了靠老天爺賞飯吃之外，「柿餅」可說是一種相當費時費工的食物，完全得靠時間的累積和農民以一道道繁複的程序才能完成。而這些靠風吃飯的瘋子，日復一日的，每年都做著同樣重複的農務，也變成入秋之後客家庄裡最美的圖騰。

目前新竹地區主要是以牛心柿、石柿、筆柿等幾種品種的柿子來製作柿餅。從選果清洗、去萼削皮，再經過炭烤烘焙和風乾日曬，然後還要以手工不斷揉捏與按壓，幫柿子按摩整形做ＳＰＡ，幾經重複的自然風乾過程，才能夠完完全全的將水分和澀味徹底去除，甘甜的滋味才會慢慢浮現。

柿餅製成後的樣子雖然不算討喜，也比不上西式糕點和日式洋菓子那樣的精緻華麗，不過早期柿餅可說是一種相當高級的點心，軟中帶Ｑ，口感香甜，只有在富貴人家的餐桌上才得以窺見。

柿子除了可以製成柿餅、柿乾、柿霜之外，客家庄也常把柿乾加入雞湯中燉煮，做成一道滋補養生料理。近年來，許多果農相繼成立了觀光農場，也逐步研發柿子冰棒，或是將柿子加入沙拉中，甚至是結合當令食材，製成各種創意西式料理，希望能夠吸引更多年輕族群的喜愛。

從柿餅的製作過程中，我彷彿看到了客家人因環境刻苦、久經風霜而形成的堅毅性格，不論面對再怎麼困難的事情和巨大的挑戰，為了理想而堅

經過炭烤烘焙和風乾日曬，
以手工不斷揉捏與按壓，
幫柿子按摩整形做ＳＰＡ，
幾經重複的自然風乾過程，
才能夠完完全全的
將水分和澀味徹底去除。

持，咬牙也要撐下去的「硬頸精神」。這兩者的形象重疊在一起，突然之間，感覺柿餅也多了點底氣和硬氣，象徵了執著、勇敢做自己的客家精神。

我從小就在客家庄林立的新竹長大，或多或少也受到客家文化的影響與薰陶，而這個意外的發現，更讓我感到與有榮焉，心裡也產生一種莫名的歡喜。

原來，我的人生和柿餅的製成是如此相似，若不是歷經風吹日曬，又怎得一抹甘甜清香？二十多年來，即使面對再艱難的情況，再嚴峻的考驗，我都咬牙挺過來了，始終堅持在這裡。

就像伍佰所唱的那首歌〈夜照亮了夜〉一樣：

夜照亮了夜　痛戰勝了痛

然而春去春回　長大成人滋味

最黑的黑是背叛　最痛的痛是原諒

很多道理不辯自明，很多答案自然也不言而喻，沒想到，我竟然因為一顆柿餅而釋懷和放下了。

江湖一點訣

柿霜珍貴，是上天賜予的禮物

廣東人本就擅於煲湯，拿柿餅煲湯尤其養生與潤肺，更讓湯頭產生一種與眾不同的甜味。建議選用帶有柿霜的新竹柿餅，健康無添加，沒有經過硫化物處理；與進口柿餅的最大差異在於：新竹柿餅個頭小，需冷藏，否則容易發霉。在疫情期間，多用台灣柿餅燉湯，是一種高級的享受，而且柿霜在中藥材裡是極為珍貴又無藥味的一味，是上天賜給我們最好的禮物。

燒酒雞・麻油雞・三杯雞

美食修煉的起點

年少時，家中曾經有段時期開設養雞場，飼養了不少雞隻，而且我們家還是肯德基的第一代雞肉供應商，所以我對於雞算是有點基本的概念和了解。

印象中，最高記錄曾經飼養了五、六萬隻雞，所以家裡每個人都要分攤責任，各自找事情做，曾經很長一段時間過著日夜顛倒的生活，扛飼料、餵雞、半夜起床抓雞，還被兇狠的公雞追咬過，做菜相對來說，反而是一件有趣的事。不過也因為這段養雞的經歷，間接形成母親後來決定吃素的原因。

前幾年，看到日本流行的洗腦歌〈Chicken Attack〉，所有和雞有關的記憶像潮水般一陣一陣湧上心頭，彷彿才剛發生不久一樣歷歷在目。

一般來說，雞不能養到太老，否則肉質會顯得過柴，口感不佳，三個半月的公雞熟成度剛剛好，用來做料理最為適宜。不過養了這麼多雞總會有個大問題，一旦銷售成績不佳，雞隻生產過多，就得趕快想辦法把雞「消化」、「處理」掉，否則過老的雞隻也賣不到好價錢。

父親當時是國家級的運動員，也就是俗稱的「桌球國手」，他經常每天都有吃不完的應酬，偶爾也會帶著我去吃酒家菜料理，像「月宮酒家」就是當時新竹最大的酒家，據說日據時期和台北的酒家齊名，所以我自小就對於酒家菜的「辦桌文化」和傳統小吃十分熟悉。

有時候，父親回家時間晚了，母親也會趁機要我去當spy，偵察一下最新情況和進展，順便等父親一起回家。好幾次，等到肚子實在太餓了，我們父子倆回家的路上，就在新竹城隍廟旁邊的一家包子店，買了幾個著名的「黑貓包」當宵夜吃。

黑貓包的內餡包的是豬的後腿肉，應該算是福州肉包吧！只因為當時的老闆娘外貌十分美麗被客人稱為「黑貓」，所以她家的包子自然而然也就叫做「黑貓包」了。記得當時一顆黑貓包的價格不斐，所以我也是從小就相當有口福的，只不過很多年之後，老闆娘決定休息不做生意了，店不曉得是不是盤給了別人，所以今天的黑貓包也不是我小時候記憶中的那個味道了。

回到正題，言歸正傳。因為父親為人海派，原本就人面廣闊，交際應酬眾多，如果那一陣子雞隻過剩的時候，他就經常請客，而且是呼朋引伴地邀請親戚朋友、左鄰右舍來家裡作客，於是我就每天一直不斷地在煮燒酒雞，長久下來，因而練就了我的辦桌能力，經常信手拈來就是一道菜，所以古人說「增益其所不能」就是這麼練出來的。

燒酒雞必須得完全用米酒烹煮，先把川芎、當歸、紅棗、枸杞等中藥材先泡在米酒中煮過，然後用麻油將老薑冷鍋冷油先爆香煸炒過，連同切好的雞肉一起炒至表皮焦黃上色，再加入剛剛的中藥材和米酒用小火煮至沸騰。最後再依照個人口味加入米酒煮至滾，然後放入高麗菜或是其他食材煮熟，就可以端上桌享用了。

在寒冷的冬天，燒酒雞可說是一道格外滋補的雞膳料理，雖然我們台灣人在立冬時都會說「補冬補嘴孔」，吃點燒酒雞、羊肉爐什麼的來補冬，但當時我們家可是不管立冬不立冬，每天宴席一開，光是來吃飯，吃燒酒雞的人不曉得就有多少桌了。

父親的個性相當強勢，所以我對父親向來是又愛又怕，從小就是一個沒自信又很內斂的人，但是在品嚐美食和料理這個領域，坦白說，父親對我的影響其實很大，而且我的手藝至少還有得到父親的肯定與認同。

後來在成長的過程中，甚至是很多年以後進入媒體工作我才明白，如何善用天賦找到自信，找到自己的位子，其實才是最重要的，而且能夠確實找

在寒冷的冬天，
燒酒雞、麻油雞、三杯雞
可說是格外滋補的料理。

到，也是一件非常幸運的事。

而麻油雞基本上和燒酒雞的料理方式差不多，差別只在於麻油雞沒有使用中藥材，少了一點藥膳的味道，但仍然不脫麻油、米酒、老薑、雞肉這幾種元素的。

重點是麻油雞可以加糖但不能加鹽，否則湯汁的味道容易變苦。如果再加上一碗傳統手工麵線和用麻油煮的荷包蛋，那簡直是不可多得的古早味，而台灣地區的女性也習慣會在坐月子期間，吃麻油雞來補身體。

不過料理倒也未必一定都得依照傳統既有的方式來製作。例如《阿鴻上菜》曾在法國錄製節目，並且和當地的米其林主廚交流，請大眾品評台式美食，由於當地只有平底鍋，所以阿鴻也算是第一個在法國用平底鍋做麻油雞的人。

雖然受限於先天的條件限制，平底鍋不耐高溫，但優點是受熱均勻，反倒意外料理出「法式麻油雞」。在鍋中放入雞腿煎至兩面黃，將多餘的油脂爆香，瀝出雞油，再放入麻油爆香薑片，麻油沒有經過高溫爆炒，沒有質變，反而能吃到更多營養，「傳統不守舊，創新不忘本」，美食創作不再是囫圇吞棗，卻更接近分子料理的概念。

至於三杯雞可就是人見人愛，最下飯的一道雞肉料理了。麻油、米酒、醬油各一杯的比例，堪稱完美搭配。同樣是先爆香薑片，再加入蒜頭、辣椒一起煸炒至香味溢出，放入雞塊一同翻炒至表面焦香，再加入醬油、糖和米酒悶煮至湯汁收乾，起鍋前加入九層塔，油油亮亮的醬油包裹著雞肉，完完全全是台灣人的最愛！

我對父親的這種矛盾的情感，也形成了我後來「奇葩般」的溝通能力。父親離家後長期定居大陸，我因為無法諒解他的不顧家庭，和父親幾乎是互相沒有聯絡和往來。我的人生也因為家庭的創傷，而提高了承受壓力的耐受度，我也因此提早離家和獨立，對我來說，也算是一件好事。

因緣際會下，我後來也到大陸工作和發展，卻沒料到被信任的台灣朋友騙了一千萬，由於對方是我相當信任的人，那種被人欺騙和背叛的感覺，導致我受傷更重。

然而因為失去這一千萬，結果反而讓我得到更多。

父親和妹妹其實私底下一直都有在聯絡，而且他也偷偷的持續關注我，因為這件事，他用他的方式關心我，並且釋出善意，可以說是這一千萬改善了我們父子之間的關係，緩和了以往的緊張氣氛，讓我重新找回了父親。所以說「塞翁失馬，焉知非福」，有時候我們得到的，往往比失去的還多。

李國修老師也曾說過：「能做好一件事就是功德。」這句話我至今仍銘記於心。如今我們重新圓滿了人生，把家人都凝聚在一起，開啟了新生活；雖然彼此都還在磨合期，但沒有什麼是不能面對的，畢竟每個人都是帶著任務而來。所以，也許我們也會慢慢找到能讓彼此都真正釋懷和放下的解套方式吧！

創意料理輕鬆做

和風三杯雞

在台北市中正區的和平西路和南昌街口，早期是「國都戲院」和「明星戲院」的所在位置。附近擁有四十五年歷史的國都甜不辣，則是我來到台北後「僅此一家，別無分號」吃了會「涮嘴」的甜不辣小吃店。老闆李阿姨大方分享了店裡的配方，我用關東煮的醬料，取代傳統三杯雞的醬汁，不但能去腥，還具有「封口、鎖水、保濕」的功效，能讓湯汁更快收乾，而雞肉像是加了乳液一樣，口感更為滑順咕溜，讓我做出令人驚豔，吃了還想再吃的和風三杯雞，在家裡也可以用甜辣醬（番茄醬＋味噌＋辣椒醬）來試試看。

燒仙草雞

清爽退火的「客家暗黑料理」

我時常覺得，生長在新竹真的是一件非常幸福的事。這裡不僅地靈人傑，人文薈萃，更匯聚了大江南北、東西方各地的飲食特色，在這裡，無論冬天或夏天，鄉間或鬧區，只要有人的地方，一定能夠找到讓你驚奇不已的美食。

當然，也有讓外國遊客看了會驚慌失措的「暗黑料理」，例如關西的燒仙草雞即為一例，但只要品嚐過它的美味，必然會讓你「愛不釋口」。

說到這，就不能不介紹一下「仙草」這位重量級的角色。仙草是一年生的草本植物，又叫做仙草乾、仙人草、田草、洗草、仙草凍、仙草舅，粵語則是稱為涼粉草或是涼粉。「仙草」名稱的由來眾說紛云，但總歸是脫離不了因為它對於治療中暑、恢復體力的神奇療效，以及是天上的仙人所賜等種種傳說有關。

它既是藥用植物，也是食用植物，將仙草的莖葉曬乾之後加水熬煮，可製成仙草茶。由於仙草味甘，性寒，具有清熱利濕、涼血解暑的功效，而且不論冬夏，皆可製成各式飲料、甜點與料理，所以廣為民眾所熟知。

仙草主要分布於台灣海拔一千兩百公尺以下的丘陵地，栽培的區域包括：新竹縣關西鎮、桃園市新屋區與楊梅區、苗栗縣銅鑼鄉、彰化縣二水鄉及嘉義縣水上鄉等地區，其中又以關西的栽培面積最廣，所以新竹關西是台灣生產仙草的重鎮之一，每年自三、四月間開始種植，一直到九月至十月分成熟後就可以採收。

近來也有不少進口的仙草乾，而且價格非常便宜，每公斤的市價大約是本土仙草乾價格的四分之一至三分之一。不過由於台灣本土的仙草具有特殊的香味，尤其是陳年的仙草表現更為優異，用來製作仙草茶、燒仙草等各種產品，反而更能突顯我們的競爭優勢。

近幾年，每到四、五月的時候，全台就會刮起一陣「桐花季」的旋風，新竹更是大家欣賞桐花，拍攝美照必定造訪的景點。不過除了桐花季之外，身為新竹在地人的我，還想和大家分享一下「仙草花季」。

阿鴻從小就在桃竹苗一帶長大，每年冬季，大約十一～十二月的時候，正是關西的仙草花開時節，花田裡放眼望去，布滿一大片浪漫的紫色仙草花，宛如開滿了薰衣草一樣。

若不仔細觀察研究一下，還真會誤以為是薰衣草，而新竹關西搖身一變，宛如台灣的普羅旺斯山城，成為富有浪漫氣息的歐洲鄉間田野。現在很多地方都有推出仙草花季的觀光活動，非常歡迎大家有空的時候到此地來探訪。

仙草茶是很受歡迎的消暑退火聖品，也是台灣夏天很常見的飲料。若是將仙草萃取液，加入澱粉凝結成仙草凍，相信大家必然也不陌生。

每到夏天，媽媽們都會到市場上買一大塊仙草凍回家，然後在廚房裡一手托著仙草凍，一手拿刀，手腳俐落的下刀，縱向橫向交錯，細細密密的切成顆粒放入鍋中，然後加入碎冰和事先煮好的糖水，便足以打發一群吵吵嚷嚷的孩子們。那是炎炎夏季裡，母親親手為孩子們特別準備的下午茶點心，吃在嘴裡，甜在心裡，空氣中還飄散著仙草摻著糖水的淡淡香氣，想起來都覺得格外甜蜜。當然現在市面上也有罐裝的仙草凍或仙草蜜，但我總覺得少了點媽媽的手感與味道。

至於燒仙草，真的可說是台灣冬季裡最有創意的甜點了。煮得濃稠又熱呼呼的燒仙草搭配上各種甜甜的配料，從珍珠、芋圓、紅豆、綠豆、大紅豆、花生、芋頭、牛奶……應有盡有，夏季剉冰裡的配料，因為燒仙草在冬季找到另外一片天。如果吃得太慢，燒仙草就會凝結成仙草凍，仙草和配料不知不覺中就會成為你儂我儂，分不出彼此的「團抱」狀態。

除了飲品和甜點之外，客家人還別出心裁的將仙草入菜，燉煮成「仙草雞湯」或「仙草排骨」，這也是客家菜當中，口味比較清淡的美味佳餚之一。傳統都是採用曬乾一年以上的仙草乾來熬煮一大鍋仙草雞湯，通常都得熬煮兩三個小時以上，既費時又不輕鬆。

不過現在因為科技的進步，透過萃取的仙草汁或即溶仙草粉，製作方法變得非常簡單，料理新手都能輕鬆端上桌。這是少數適合在夏天喝的雞湯，既甘甜爽口又退火，也是現在很多客家餐廳的菜單上都能見到的藥膳雞湯，是最天然的保養食材。

臨近的農會、仙草博物館、店家與觀光農場，也有各式的仙草周邊農產品可以提供給大家購買與試吃，希望藉由阿鴻的推薦，也能讓新竹掀起了另一波秋冬旅遊的熱潮。很誠心的邀請大家一年四季不論何時，有空都可以到新竹來走走看看，一定能帶給你不一樣的收穫。

阿鴻上菜

燒仙草雞速食版

關西農會或市面上都有販售濃縮的即溶仙草粉或仙草液，可以節省許多時間和瓦斯。先將三～四根的雞腿入滾水汆過，然後再放入電鍋中，倒入即溶仙草粉和水，至少要淹過雞腿至八分滿，如果喜歡的話，也可以加些紅棗和枸杞增添風味。最重要的是，千萬不能加鹽，大約煮四十分鐘至一小時，我們只要坐在客廳專心追劇，靜待熱騰騰的仙草雞完成即可。

新竹貢丸

匯聚精華，歷久彌新

新竹擁有超過二百七十年的文化底蘊，從最早清朝時期的移民開墾，到後來漸漸增加了許多閩南、客家族群在此融合；日據時代，又增加了西式和日式的餐飲文化；國民政府來台後，新竹更是廣設四十多個大大小小的眷村。也因為這些複雜的歷史背景，匯聚形成了新竹獨特、多元且又豐厚的飲食文化。

提到新竹的美食，許多人第一個會立刻聯想到

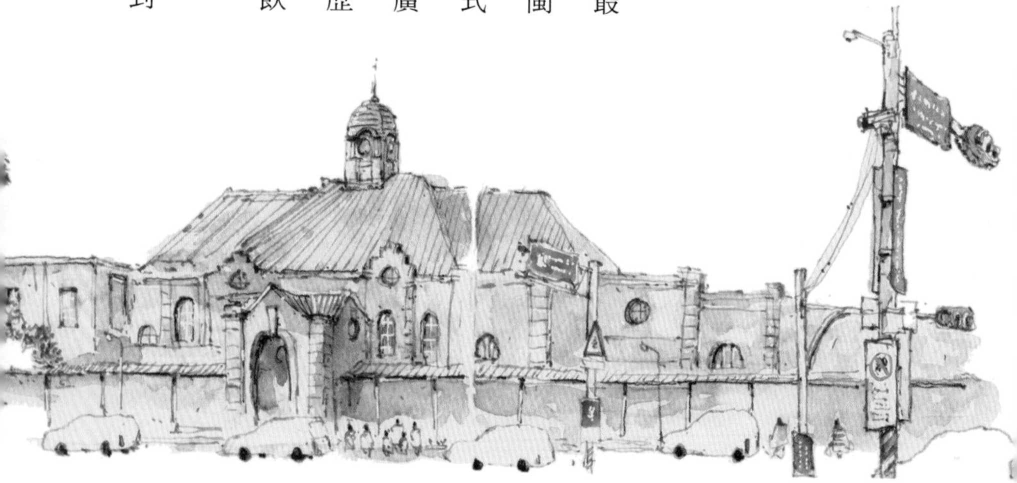

的多半是「頂港有名聲，下港尚出名」，遠近馳名的貢丸，而貢丸儼然也成為新竹最具代表性的小吃之一。

說到貢丸，就不能不提到我從小吃到大的「竹塹小吃部」了。這家位於中山路和集賢路的「竹塹小吃部」，雖然外表看起來是一家不起眼的小店，不過卻是新竹的百年歷史老店，而且賣的都是現做現煮、貨真價實的傳統美味。

我從小就在新竹長大，這家傳統老店同時也充滿了我孩提時期的許多回憶。兒時我就是個「愛哭愛跟路」的小孩，時常在母親去菜市場買菜時，跟在一旁充當小幫手；或者是家中大人打算出門採買閒逛，我也會看準時機當跟班，當然，也就多了各種好吃又好玩的「好康」來犒賞我。

那時候，我總會提著兩個「夯ＧＯ」到竹塹小吃部來買貢丸，「夯ＧＯ」是日文的唸法，就是舊式傳統的提鍋，類似現在的保溫提鍋，但是沒有保溫的功能。一個提鍋用來裝滿現做現煮的新鮮貢丸，另一個則是用來裝我家家

傳私藏的「獨門武器」——向店家拗來一鍋煮貢丸的原汁高湯，然後拿回家做為煮米粉之用。

這鍋煮貢丸湯頭的高湯，可說是匯集了貢丸的精華所在，如果不知道用這種最天然的「精華液」來煮米粉，就稱不上是道地的新竹人。而我們新竹人對於食物的堅持，也構成一種日常的圭臬。

我國中的時候就經常會自己獨自去吃外食，偶爾還會在鴨肉麵攤上和爺爺巧遇。不僅如此，我們家族的男人普遍都有個特色，從上到下都很愛逛菜市場，無論是爺爺、伯父或父親，經常會在經過市場時，順道帶些現成的菜回來「加菜」。

例如父親就時常會在西門菜市場買那種用手工切成一片片的薄豬肉片，或者是到臨近南寮漁港的市場買新鮮的花枝和沙蝦。那是一種對於當家媳婦的體貼，這種隱而不宣於口的貼心與細膩，也讓我的童年餐桌回憶總是充滿了愉悅、幸福、溫馨與暖意。

新埔市場早期是豬肉的屠宰場大宗，而新竹的許多店家、小吃攤的豬肉多半是來自於此。竹塹小吃部每天都會進新鮮的現宰溫體豬肉，大約中午之前，就會把一隻豬能製作貢丸的部位全部做完，有時太晚來就買不到了。最重要的是，外帶一定要用「夯GO」裝，才能夠精準、傳神的呈現出那種傳統道地的小吃風味。

這裡的貢丸是採用豬的後腿肉製成，由於製作過程繁複，既耗時且費力，所以產量也不高，而且因為貢丸獨特Q彈的口感極受歡迎，咬的時候還會「噴汁」，因此當年一顆貢丸相當於一碗麵的價格，猶如美食界的精品，每每吃一碗切仔麵能夠再加上一顆貢丸，就像搭飛機時座艙升等一樣的豪華。

只要是新竹在地的內行人都知道，真正好吃的貢丸，絕對不能吃冰過的，要吃就得吃「新鮮現做」的貢丸，而且還得是「純手作」，一棒一棒

「摃」出來的，然後再用七十度的熱水去煮。

「摃」字在閩南語裡是指敲打、捶打的意思，也就是說好吃的貢丸必須得經過結結實實的敲打，才能「摃」出紮實Q彈的口感。而且在經過「千錘百鍊」的過程中，豬肉的纖維也會因此被拉長，肉質裡的膠原蛋白（結締組織）也會被釋放出來，增加黏稠度與彈性，而這也是竹塹小吃部的貢丸之所以會那麼好吃的主要祕訣。

記得小時候在吃貢丸時，一不小心掉到地上，貢丸還會有如乒乓球一般，ㄉㄨㄞ ㄉㄨㄞ的往上「回彈」。家中若有小孩子吵鬧不休，大人們只需給上一顆貢丸，Q彈的嚼勁便能讓小孩子咬上很久，換取片

好吃的貢丸必須得經過結結實實的敲打，才能「摃」出紮實Q彈的口感。

刻的安寧。由此可見，我們新竹貢丸擁有凡俗無可比擬的絕佳彈性！如果不相信，歡迎您下回可以親自來到新竹試試，見證一下我們新竹貢丸的真正實力。

除了豬的後腿肉之外，其他部位的豬肉，竹塹小吃部也將「唯才是用」、「適得其所」這八個字的奧義發揮得淋漓盡致，可以說將一整隻豬從頭到腳，裡裡外外都完全的徹底利用。

像是五花肉用來做成滷肉飯，而肥瘦肉六比四的黃金比例，可說是拿捏得恰到好處，入口即化，真是「減一分則太瘦，增一分則太肥」。香氣四溢、晶瑩剔透的滷肉飯，再配上一碗加了炸豬皮，湯汁鮮甜，熱騰騰的滷白菜，可說是我在外漂泊多年，魂縈夢牽、心心念念的故鄉味。

另外，還有豬心、豬肝、豬肺、豬腸也可以任意搭配組成 freestyle 的黑白切；就連豬大骨也是熬湯的最佳材料，完全一點都不浪費。從前的人們不僅僅是愛物惜情，在各方面的生活智慧也非常值得我們效法和借鏡。

還有老闆特製的粉腸也是店中一絕，據說粉腸和宋朝的蘇東坡還有些淵源。不過，粉腸的製作過程還得具備一些特殊的工藝和技巧，得先將豬瘦肉加入樹薯粉和特製的醬料中拌勻，再灌入豬的腸衣裡，然後放到滾水裡煮熟後放涼再切片，才能夠為這道招牌菜畫上句點，完美呈現。

這道粉腸可說是在地人最鍾愛的心頭好，如同是可以吃的藝術品，因為在其他地方是絕對吃不到這樣獨樹一幟的好味道，而所謂的「職人」，就是把食物做到極致的匠心獨具與完美演繹，成為經典之後，自然就會吸引老主顧上門。

這樣的精神與概念和管理學上所運用的原則是相同的，現代人吃的東西，很多都是加工再製品，所以，懂得利用物美價廉的天然食材來做菜，將普通的食材點「食」成金的人，真的稱得上是一個相當成功的ＣＥＯ。

阿鴻上菜

自製貢丸有撇步

想在家中自製貢丸也並非難事，只須先將豬的後腿肉去除筋膜，然後經過急速冷凍後切成小塊，再放至食物調理機中。冷凍的目的是為了防止因攪拌過程的高溫磨擦使得肉熟化，並添加鹽、地瓜粉、雞粉、胡椒粉、油蔥、芹菜、香菇丁等各種喜歡的食材和調味料，待攪拌均勻至膠原蛋白釋放出來呈現黏稠狀。最後，煮一鍋熱水並轉小火避免沸騰，然後用手掌的虎口處將肉泥擠成圓球狀入鍋泡煮至熟即可。

美味的關係

亞洲美食天王

墨魚炒飯・紅麴義大利麵・鯖魚派對點心

日本料理王的美食三昧

二〇一七年時，我有幸獲邀參加日本TBS電視台料理爭霸節目《ピラミッド・ダービー》，這個節目媲美當年日本紅極一時的《鐵人料理》，在近年來的日本綜藝節目中是廣受好評與關注的。

在節目中，我必須和日本名主廚有坂翔太、田中夏奈、井上咲樂等幾

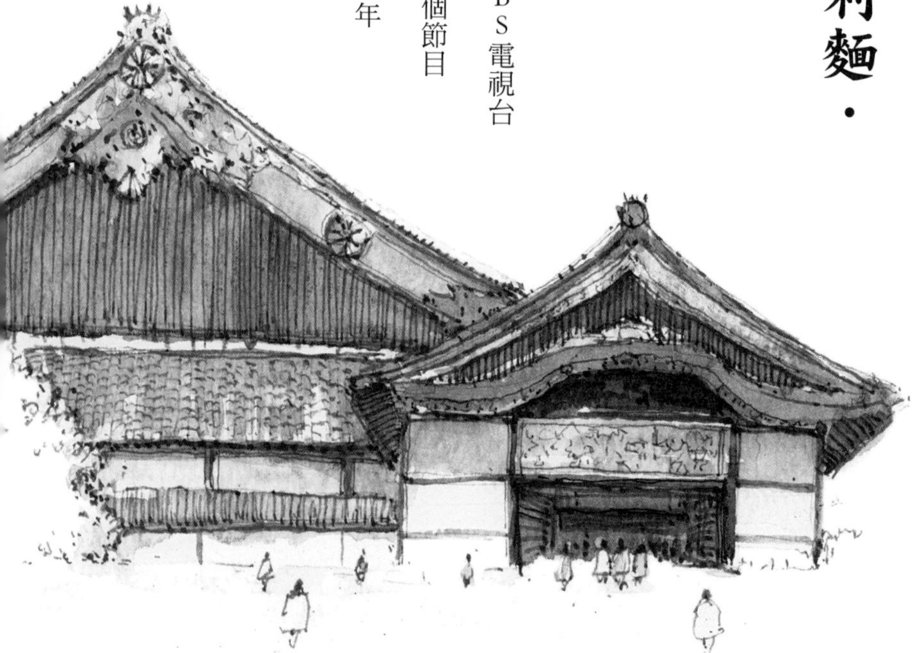

位高手進行不同主題的廚藝比賽，必須連續贏得三關，最後才能獲得「料理王」的封號。製作單位並且同時邀請了五十位的慶應義塾大學生和現場來賓一起擔任評審，進行料理品嚐評比。

第一場比賽的主題是在主辦單位提供的食材中，任意挑選幾樣，並且用這些食材，搭配我們自行準備的「祕密武器」，在限定時間內完成一道料理，最後再由現場的評審試吃給分。

那陣子我剛好腳骨斷裂，必須穿上護具，而且還得休養一年，根本不適合長時間站著，更何況還得一邊做菜，同時還要配合現場錄影拍攝。

但我心想：「怕熱就不要進廚房，即使我腳痛難忍，也

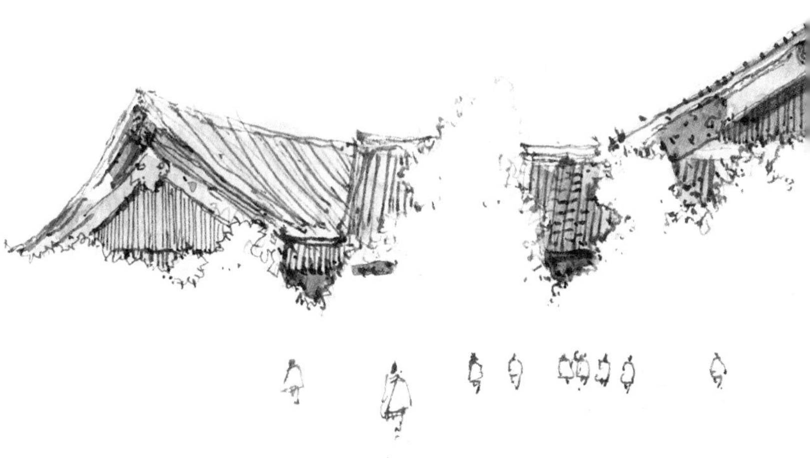

要想辦法咬緊牙關撐下去。因為這不僅僅是一場跨國的廚藝對決，更是我和我自己的意志力比拚，只要能度過這次考驗，以後就沒有什麼能夠難倒我。」

更何況，這也是一次非常難得的機會，可以和日本的高手互相交流，經驗分享，並且向日本觀眾介紹台灣美食的大好機會，如果因為我個人因素而放棄豈不是太可惜了？

但我沒料到的是，日本人對於節目製作的嚴謹與細緻程度著實令人佩服；那天進行的比賽和錄影，是從早上八點鐘開始，一直持續到晚上十點多的車輪戰，而且還有兩個錄影現場同時進行拍攝。我極力忍著腳上的痛楚，想著效法「阿甘」的精神：人生有時候不用想太多，只要憑著一股傻勁往衝就是了。

我從心底湧出一股莫名的勇氣，憑藉一股不服輸的毅力，靠著腎上腺素努力撐住，終於順利完成拍攝。現在回想起來，就是所謂的「鐵人精神」的真正意涵不是嗎？

第一道菜我製作了一道「暗黑料理」——墨魚炒飯，而我挑選的材料，包括蝦子、雞蛋、蒜、蔥、番茄、梅子粉、金箔、墨魚粉等，都是日本大眾接受度頗高的食材，唯獨一樣是我們特別從台灣帶去的祕密武器——廣達香肉醬罐頭，這是小時候每當颱風天或是媽媽不在家時的萬用醬，也是五六年級生的童年共同記憶。

先起油鍋，將大蒜末放入鍋中炒香，然後將番茄切成塊狀和肉醬一起拌炒至熟，並且取出大部分醬料預留備用，做為炒飯最後的裝飾，只留少部分在鍋中，接著把白飯倒入炒鍋中和番茄肉醬拌炒，加上用水調開的墨魚汁炒至上色，完成之後盛盤裝好，再撒上適量的梅子粉以增加口感。

小時候充當媽媽的小幫手負責拆解墨魚和花枝時，不時會在魚腹內意外發現小魚。地中海料理經常拿來使用的墨魚汁，我們往往是直接丟掉，殊不知墨魚汁具有預防癌症的良好效果。

最後將煮熟的蝦子擺放在炒飯上圍成一個花形，並且將預留的番茄肉醬淋在中間，再以炒蛋絲、金箔、蔥白絲做為裝飾，就是一道融合了東西方特色的墨魚創意炒飯，不只色香味十足，而且還相當具有「台灣味」。

和現在最高級的松露炒飯完全不同，是很克難的食材與做法，組合對了，這就是廚藝創意加分，組合錯了，很有可能是一場災難，就成了不折不扣的暗黑料理了。或許這就是傳說中的「打死老師傅」，勇於向傳統挑戰和現在私廚所強調的「創意菜」都是相同的概念。

果然這道炒飯黑色的外觀和令人意外的造型具有強烈的視覺效果，和眾人主觀印象不一樣，吃下去更是超出預期，是一種相當淘氣且大膽的做法，幸好最後也成功取得第一輪比賽的晉級。

第二道菜則是讓廚師利用冰箱現有的食材或剩菜，並在二十分鐘內完成一道料理，而且都是看似不搭軋的材料組合，在在考驗著廚師的應變能力和對於味覺的敏感度。食材共有：豬肉片、麵條、豆皮、白菜、番茄、酪梨、蔥、起司、椰漿，以及自備的一種食材，這次我採用了台灣帶去的「紅麴粉」，對於日本觀眾來說則是比較陌生的。

我一直都很喜歡聽鄧麗君的歌，無論是低吟淺唱或者是慷慨激昂，她總是能夠唱出每個人心底的溫柔婉轉，療癒了生命中的傷感惆悵，觸動靈魂裡的繁星璀璨，總覺得她能夠深刻了解那種流落他鄉、人海孤寂的華麗與蒼涼。

同時她也是影響我非常深遠的一個人，她的高情商與正能量，總是帶給人一種堅毅、勇敢、迷人、舒服的感受，是一個非常典型的服務產業的標竿與模範，來到日本這樣的平台，很想幫她設計一道菜向這位一代巨星致敬。

因為她最喜歡桃紅色，而這個階段則是特別邀請了五位女性的餐廳老闆來當評審，於是我就構思了一個女性會喜歡的「Pink Lady」做為這次比賽的主題，並以紅麴製成創意義大利麵，最後再以起士、花蜜和酪梨點綴裝飾，充滿浪漫氣息粉紅色調，起士和酪梨也是相當討喜的搭配，應該能夠獲得評審的青睞。

我在鍋中倒入食用油加熱，將豬肉片切成一口大小，置於鍋中略微翻炒，然後將豆皮、白菜、番茄、蔥等材料同樣都切成絲，再一起加入鍋中拌炒，以少許鹽調味即可。

接著把紅麴粉和椰漿一起加入鍋中攪拌，讓紅麴粉完全融解，顏色能夠均勻呈現，再將事先煮熟瀝乾的麵條放入鍋中，並且加入高湯、鹽、胡椒粉快速調味，使麵條拌勻至上色，完成後再盛裝在盤子裡。

最後放上起士片、蔥白（切絲）、酪梨（切丁）裝飾，再淋上花蜜就大功告成，第二關我依舊非常幸運得以再次勝出，成功晉級至決賽。

最後一關的決賽，是由我和日本的型男主廚有坂翔太進行最終對決，主

將煮熟的蝦子
擺放在炒飯上圍成一個花形，
再以炒蛋絲、金箔、蔥白絲
做為裝飾，
就是一道融合了東西方特色的
墨魚創意炒飯，
不只色香味十足，
而且還相當具有「台灣味」。

辦單位出的考題是利用水煮鯖魚罐頭做出適合在party上吃的派對點心。這次的食材則有：水煮鯖魚罐頭、麵包、美乃滋、水煮蛋兩個、小白菜、芹菜、香菜、鮭魚卵、魚子醬、食用花瓣、唐辛七味粉，自備食材則是淡水著名的伴手禮——魚酥。

這次參加日本TBS電視台的比賽，我們可說是有備而來的，帶著台灣人所熟悉的各式食材，例如淡水魚酥、廣達香肉醬、紅麴和日本人敬謝不敏的香菜。想透過這樣知名的電視料理節目，改變一般人對於食物和料理的刻板印象，甚至是對於台灣能有更多一點點的接觸與了解。

先把鯖魚罐頭的湯汁過濾掉，再將鯖魚、吐司（切邊）、魚酥、美乃滋、小白菜放入食物調理機中攪拌成糊狀，再裝入擠花袋中備用。然後將芹菜莖切

成約五公分的長度後剖半，兩個水煮蛋同樣直向剖半，並將蛋黃挖出。

接著將先前製作好的鯖魚糊，用裝飾蛋糕的擠花嘴擠在芹菜莖和水煮蛋上，再放鮭魚卵和魚子醬，接著將成品擺盤，分別將食用花瓣、香菜葉放在點心上做為裝飾，再灑上唐辛七味粉即可。

這道精緻的宴會點心從一開始的取材和製作過程，就讓現場的主持人與評審摸不著頭緒，並且充滿了不確定與好奇，所以我將這道點心取名為「初戀的滋味」。等到最後完成階段，我猜想，光是造型和賣相就已經取得一大半現場觀眾的好感，最終試吃過後，還是以口感獲得評審的一致好評與高度肯定，才能拿下「料理王」比賽的獎項。

很高興這次能有機會把台灣美食與中華料理的精神呈現給日本的朋友們，除了要感謝日本ＴＢＳ的邀請之外，更要感謝我們製作團隊的協助，才能讓這次的比賽圓滿落幕。

幕後心情

一切歸零，勇敢跨出

在比賽最後三分鐘，其實我有凸搥，發生了一個失誤，我因為用力過猛，導致擠花嘴飛出去，幸好有在時間內及時完成。有些媒體和觀眾問我，為什麼會想來參加這樣的比賽，其實這次來日本，我是抱著「歸零」的心態去參賽，有得名很好，沒得名我也不會怎麼樣。

就像當初我也是放棄了九年的報社經歷進入演藝圈勇敢取捨，人生往往會面臨很多次抉擇，不是得到，就是學到，很多事情其實沒有我們想像中那麼嚴重，不要怕輸，勇敢跨出（舒適圈），你會發現你也可以做得到！

肉骨茶

承載無限思鄉情懷

肉骨茶是一種非常富有中藥風味的藥膳煲湯，傳統的熬製方式是運用了當歸、川芎、白芍、熟地、黨參、茯苓、白朮、甘草、黃耆、肉桂、紅棗、八角……多種中藥材，將這些藥材經過適當的比例拿捏之後，再熬煮數小時才能成為「十全大補湯」。

這樣滋補養生的食補藥膳，尤其在冬天，搭配上排骨或雞肉一起燉煮，熱騰騰的美食佳餚一端上桌，往往令人食指大動，停不了筷。

早年因為生存不易，因此有許多華工選擇了遠離故鄉來到南洋發展，馬來西亞的巴生港便是當時許多華工聚集最有名的地方之一。

一個人離鄉背井，在辛勤的工作之餘，唯一能對自己最好的犒賞方式就是「食補」了。然而，在那個連過生活都稱得上是極為艱困的年代，要從中國帶那麼多種名貴珍稀的中藥材和香料出來，自然不是一件容易的事。

因此，華工們就用肉骨再加上一些當地較容易取得的香料和食材，像是：蒜頭、辣椒、桂枝、黑醬油、老抽、蠔油、八角、茴香……，還有東馬古晉所盛產的白胡椒，煲成了一道既滋補又養生的「十不全」肉骨湯。

我常在想，這樣一道「因地制宜」的養生料理，不但熨貼撫平了離鄉遊子的脾胃，更是溫暖抒解了他們疲憊的身心，對於當時不得不出國打拚，身處異鄉的人來說，也算是一解鄉愁，最好的療癒之物吧！

時至今日，肉骨茶除了在馬來西亞、新加坡各國的華人圈成為著名的招牌美食，也因為觀光業盛行發達的緣故，更讓肉骨茶在亞洲，甚至是世界各地廣為流傳，遠近馳名，成為觀光客造訪南洋各國時，指名必吃的知名美食。

而其烹調的內容與風味，也常因時、因地、因人而制宜，讓肉骨茶產生了不同的樣貌。

目前比較常見的肉骨茶風味大抵可分為潮州派（胡椒味較重）、福建派（黑醬油作調味，藥材味較重）、廣東派（加入藥酒）三種。

馬來西亞是以福建派較為盛行，而在新加坡則是以潮州派蔚為主流，每一種各自擁有支持和喜愛的群眾。

至於哪種比較好吃，我只能

說，各大門派各據山頭，實力是不分軒輊，很難一較高下，全憑各位饕客和看倌們自由心證、選邊站隊；如果不想左右為難，也是可以號召各路人馬一起品嚐，再好好的比較參詳。

二〇〇六年，我曾有幸獲邀擔任「馬來西亞肉骨茶全國競賽」的總評審與代言人。光是在巴生地區的肉骨茶店，據說就有數百家之多，由此可見當地人對於肉骨茶的喜愛，或者說，肉骨茶其實早已深入當地的飲食文化，成為他們日常生活中不可或缺的平民美食。

後來又承蒙《光明日報》葉琳總編輯給我機會，擔任光明日報肉骨茶大使，親自走訪全馬的肉骨茶王，推廣肉骨茶文化。由於肉骨茶原本就是素負盛名的料理，因此，我便想藉由食物最天然的味道與食材的既有特性，來拉近城市與城市間的距離，同時也讓肉骨茶的風味和口感能夠更加進化與昇華。

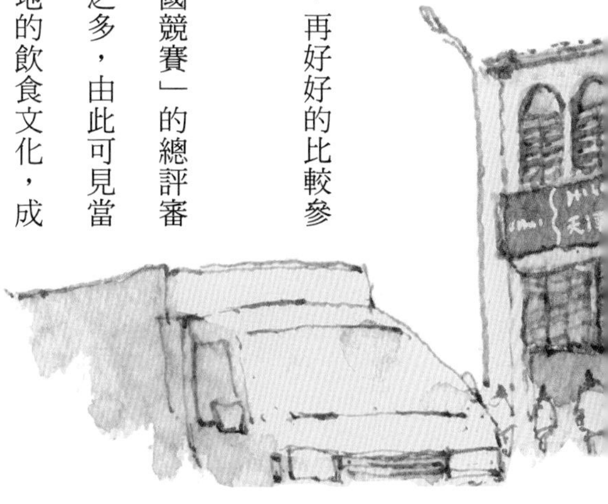

在不違背肉骨茶原有的精神基礎之下，我在巴生、丹絨詩巴這些靠海地區的城市，加入當地盛產的海鮮現貨、魚板之類的食材，重新詮釋了這道庶民美食。嶄新風貌的肉骨茶吃起來的口感極為協調，同時也能體現各城市所代表的獨特個性，也受到許多民眾的喜愛與好評。

順道一提，巴生港是馬來西亞的第一大海港，所以巴生一帶也盛產海鮮，海鮮入饌與肉骨茶搭配，更能體現海洋特有的鮮甜滋味。而巴生當地的華人以福建人居多，所以閩南語是當地的流行方言，巴生當地的小吃也是以肉骨茶而聞名。

肉骨茶通常會拌白飯或以油條蘸湯來吃，並以醬油、碎紅椒和蒜蓉一起調味，同時店家還會奉上中式濃茶以解油膩。在馬來西亞，肉骨茶可說是一道相當典型的早餐餐點。

現在馬來西亞還時興一種「乾肉骨茶」的新吃法，特別是在巴生，也有很多餐廳或店家會針對顧客的喜好，提供羊肉、雞肉等不同的選擇；甚至有些地區因為宗教的緣故不吃豬肉，而將豬肉換成了牛肉。在一些高級餐廳裡，還會加入海參、鮑魚一起熬製，類似南洋的盆菜概念，讓肉骨茶的發展和變化也因而更加豐富與多元。

很多人都曉得，位於沙巴地區的丹絨詩巴是擁有世界三大最美夕陽的旅遊勝地之一，除了在遼闊無際的海邊享受世界無敵、夢幻浪漫的夕陽美景，當地的海鮮也是值得一試，在落日的餘暉中享受美景與美食，也堪稱是人生一大樂事。

有許多媒體和當地的朋友們好奇地問我，為什麼總是能夠創造出「創新的傳統料理」。我常說，食

物沒有好壞之分，也不是我有多厲害，只是因為我是個有所變通，願意欣然接受學習的人，才能夠將各地所富含的文化融入到我的料理創作當中。

這麼多年來，在工作上我總是嘗試著不斷地超越自己，不曾稍稍停下腳步。如同《禮記》中所說的「學然後知不足」，正因為看得越多，學得越多，了解得越多，我才更加知道自己的不足之處。

所以我始終用謙卑的態度待人接物，讓自己在心態上能夠「隨時歸零」，隨時自省。因為人生是一場永遠無法自滿的學習，只要學習的動機和動能還在，就會一直產生新的反饋和迴響，也正是弘一大師李叔同說過的「念念不忘，必有迴響」。

而我們唯有想辦法不斷提高自己承受挑戰的耐受度，經過長時間的累積，就會像如今手上長的繭一樣，形成深厚的底蘊。

江湖一點訣

如何煮出好湯頭

市面上有很多賣場都有販售已經配好的肉骨茶香料包，也可以到中藥店請店家調配，大家只需要添購些想吃的食材、調味料和額外的香料即可，例如肉類、海鮮、蒜頭、白胡椒、黑棗等。特別要提醒的是，煮好之後要記得將香料包和藥材取出，才不會影響湯頭的口感，而且肉骨茶無論是當作主食或是搭配米飯和麵條也很對味哦！

榴槤螃蟹

吮指回味的美食邂逅

榴槤的原產地主要在熱帶地區的泰國、馬來西亞、印尼、汶萊等地，在東南亞還有「水果之王」的美譽，對於很多人而言，榴槤是一種不可多得的人間美味。

像我對榴槤可說是毫無抵抗力，各種品種的榴槤我都愛，像是金枕頭、紅蝦、XO、牛奶……在我看來，每一種都很美味，很好吃，所以我都常笑說自己有「榴槤胃」。不過，這個想法在我吃過馬來西亞頂級的「貓山王榴槤」之後，就完完全全的徹底改觀了。

初到新加坡工作時，剛開始人生地不熟的，我住在東海岸一家德國麵包店「The Werners」樓上的房子，而麵包店老闆正好是我的房東auntie Nancy，她對於來自異鄉的我給予了各方面的照顧和協助，才能夠讓我迅速安頓好，很快的進入工作狀態，所以她可以說是我在新加坡遇到的第一個貴人。

我向來不愛去不必要的應酬，有一次工作結束後，就在新加坡當地的雞籠區的市場逛，看到了一個販賣水果的攤販，其中便有我最愛的榴槤，而且還是只聽過不曾吃過的「貓山王」，我打算買些水果回去犒賞自己。

逛市場對我來說本是家常便飯，習以為常，無論是在台灣還是異鄉，我都能從中找到逛市場的樂趣。所以，我僅僅花了五毛錢，大約是新台幣十元左右便買到一個被淘汰的次級品，還選出了性價比最高，而且也最好吃的榴槤。我常覺得，人要學會過小日子，有品味不用高消費，即使只是五毛錢，也能買到賣相不好，但無損於美味的貓山王榴槤。

貓山王榴槤得在「瓜熟蒂落」後才能食用，那種自然熟成的芬芳香甜，又帶點微醺的氣味，加上細緻綿密的完美口感，入口之後在在刺激和挑逗著你的感官味蕾，那種極致的享受，絕對可說是「齒頰生香，世間無雙」，而且還會在你的口腔和記憶中久久不散，縈繞於心。

自從吃過貓山王之後，真的是「曾經滄海難為水，除卻巫山不是雲」，即便你吃過再多天下美味的榴槤，就真的再也回不去了。

雖然我對榴槤是如此鍾情偏愛，不過，也有不少朋友告訴過我，他不挑食，什麼水果都可以接受，唯獨榴槤是「生命中不可承受之重」，可見得「各花入各眼」、「青菜蘿蔔各有所好」這話一點都不假。

二〇一九年，我得到了由馬來西亞官方所頒發的「世界頂級廚師獎」及「最佳節目主持人獎」，並且獲邀至吉隆坡成功時代廣場酒店參加頒獎盛典。典禮結束後，主辦單位特地在「肥肥蟹海鮮飯店」舉辦了慶功晚宴，邀請了所有得獎者和與會來賓，一起品嚐吉隆坡和新加坡的在地美食。

創新的榴槤螃蟹
結合了兩種大味至淡，
大道至簡的食材，
是一種相當奇妙的搭配，
但卻讓我吃到
「在欉紅」的貓山王榴槤，
也是最經典的味道。

「肥肥蟹」是馬來西亞著名的螃蟹主題餐廳，同時也有多家連鎖店，主要是以東南亞各國的特色菜為主。近年來也一直在觀念和做法方面尋求突破與創新，並且將粵菜和西餐做結合。

他們甚至還推出了一道「貓山王榴槤螃蟹」，打破了過去大家對於避風塘辣椒螃蟹的傳統既定印象，將眾人的美味印記再做一番全新的詮釋，吃出一種截然不同的況味，不但成為他們的招牌菜，同時也是一道革命性的創舉，厚積薄發的南洋創新時代的料理。

這道極致、頂級的美味選用了斯里蘭卡蟹，這是一種超大型的肉蟳，肉質結實，鮮甜多汁，主要分布於東南亞各國及南海等清澈無污染的水域，其中又以斯里蘭卡最著名。

斯里蘭卡是一個島國，舊名「錫蘭」，中國古時稱之為「獅子國」或「僧伽羅」，從名稱不難看出，它是個信奉佛教的國家，曾經是英國的殖民地，以多種食材聞名於世，像是：錫蘭紅茶、黑胡椒、斯里蘭卡蟹、大頭蝦、鮪魚……

言歸正傳，斯里蘭卡蟹不只體型龐大，還有一對巨大無比的螯，每隻都比我們常吃的處女蟳大上許多，最大的甚至還高達兩、三公斤重，大多都外銷到新加坡，像著名的「胡椒螃蟹」就是採用斯里蘭卡蟹，不過在台灣我們通常叫做「大沙公」。

我自認為是個在飲食方面很有節制，很有「度」的人，而且我通常一天只吃一餐。但這次我這個「榴槤控」碰到了這道「貓山王榴槤螃蟹」，簡直是發生完美的擦撞，激盪出不同以往的火花，好吃到讓我不只把螃蟹吃得一乾二淨，還把盤底的醬汁用麵包刮乾淨才打算歸國，可說是名副其實的「榴槤」忘返、吮指回味。

旁人看我吃榴槤螃蟹吃到這麼渾然忘我的程度，想必也是驚訝不已吧！

一點都不誇張，這真的是我吃過最好的味道，簡直是登峰造極，找不到更好吃的「終極版」了，吃到腦內啡都跑出來，讓我都想「撒花轉圈圈」，感受特別特別強。在上海也風行榴槤醬、榴槤冰、榴槤羹，榴槤羹是一種甜鹹共治，調和鼎鼐的味道，不過那又是另一種完全不同的風味了。

這道創新的榴槤螃蟹結合了兩種大味至淡，大道至簡的食材，是一種相當奇妙的搭配，但卻讓我吃到「在欉紅」的貓山王榴槤，也是最經典的味道。而這樣美好的「一期一會」，可說是吃一次少一次，讓我更想好好的珍惜並記住這樣雋永的好味道。

我們經常會羨慕別人擁有的，事實上我們也有一些無可取代的味道，是別人羨慕不已的。要去思考的是，如何用微觀的角度去觀察自己、探索自己、創造自己，讓這些特色變得更加可愛，更迷人。您覺得呢？

阿鴻上菜

南洋風味黑胡椒螃蟹

入暑之後，是花蟹、處女蟳盛產的季節，其實不用出國，在家也能簡單快速做出南洋風的螃蟹料理。先將螃蟹清洗乾淨處理好，螃蟹切塊，蟹腳拍裂，取出蟹殼備用。起油鍋，洋蔥逆紋切塊放入炒軟，然後加入蒜末、黑胡椒粒、蠔油、薑片繼續煸炒至醬香味飄出，加入水或高湯淹過食材煨煮，然後加入螃蟹和蔥段，快起鍋前加點酒去腥，並且淋上打散的雞蛋拌熟即可。

手作玫瑰花瓣醬

愛物惜情，明心見性

在國外，很多媽媽都會利用自家小花園裡種植的水果、花瓣、香草等植物，用來泡茶、入菜、製作甜點、餅乾或果醬；就連生長在住家附近的野生玫瑰花，也是非常適合用來製作成氣味香甜的玫瑰花瓣醬。

玫瑰花雖然多刺，但因為本身就具有一股甜甜的迷人香氣，色彩鮮豔搶眼的花瓣，更具有強烈的視覺效果。做好之後的花瓣醬不僅可以加入茶飲中增添風味，甚至當作奶酪、冰淇淋、優格、蛋糕的淋醬，或者是拿來當成麵包、餅乾的抹醬，都能立刻讓下午茶的氛圍充滿玫瑰花芬芳的氣息，彷彿回到戀愛中的幸福感覺，甜蜜更加倍。

不過，這並不代表所有自家種的玫瑰花都能吃。

玫瑰花由於病蟲害較多，台灣一般觀賞用的盆栽，在種植的時候多半有噴灑農藥，在購買之前，最好先問清楚是否為有機栽培，或者是直接向專門栽種有機玫瑰的廠商購買可食用的玫瑰花瓣。

在取得可食用的玫瑰花之後，記得請先將玫瑰花瓣清洗乾淨，稍微瀝乾水分。

接著，在製作果醬之前，最重要也是最不能忽略的一件事，就是要先把盛裝果醬的玻璃容器洗淨，然後把蓋子和瓶子一起放入煮沸的熱水煮上幾分鐘中，才能取出晾乾，必須經過這一道高溫消毒的殺菌程序，這樣才能確保果醬得以長時間保存。

再把玫瑰花瓣剪成碎片，在煮果醬的過程中，比較容易煮出玫瑰的香氣與甜味。然後把蘋果去皮切成小塊，用攪拌器打成泥狀，或者也可以改用檸檬汁代替，目的是讓果醬凝結，並且有助於保持玫瑰花原本繽紛亮麗的顏色。

最後煮一鍋水，沸騰之後加入砂糖，等到糖完全融化之後再倒入玫瑰花瓣，用小火煮至濃稠狀，然後加入檸檬汁或是蘋果泥即可。記得要趁熱裝入瓶中，蓋好瓶蓋倒扣放涼，冷卻之後，果醬凝結的情況會比較明顯。

如果提起世界上最知名的玫瑰，我想，應該莫過於《小王子》裡的那一朵吧？狐狸對小王子說：「你為你的玫瑰花費的時光，才使你的玫瑰變得如此重要。」而這樣的「玫瑰」，其實在我們的人生裡也曾開過一朵又一朵。

每逢年底的時候，總是免不了要感恩回顧，自我檢討一下。走了這麼遠的路，才能聽得懂旁人所說的話裡的一體兩面及厚黑學，從前的自律甚嚴，有所堅持經常被解讀成「難搞」，現在回想起來，真的要感謝自己不想亂搞，因為那是一般混日子的人怕跟不上的理由和藉口。

所謂「花開自美，評說由人」。如果以後有人說你不應酬叫「難搞」，那些個亂七八糟，不懂得體諒為何物的人，也不值得你繼續浪費生命在他身上。更別在意別人說什麼，他們的難堪只是想引起你的在意，要牽制住你而已，不是真心想要保護你。

感謝曾經說我「難搞」的人給我機會靜下來自我檢討，曾經因為這樣的評論而令我內心不安，但我只是不想鄉愿的虛應或直接的拒絕，留一線人情大家日後好相見罷了。世上只有感覺不會騙人，願大家未來一定要活得越來越明白，才能越來越自在。

也要感謝李靜美姊姊曾經用鼓勵新人在業態的生存之道，告訴我沒有一個大牌是不難搞的，過程中會不斷的出現撞牆期是必然的，唯有「堅持」才能走到自己要的高度，態度決定高度，端看自己如何成全自己。

無境不可處，但求不失卻本心，也如同佛偈所說：「千江有水千江月，萬里無雲萬里天」，人如若不失去清明澄澈的本心，自然心明如鏡，洞察世事。

在當時進入媒體的工作場域，沒人教過我用什麼套路，一路走來，我只能虛心的做足功課，用與人為善的方法借力使力，把素人當成專家，在跟人互動的過程中，如何更進一步讓對方了解到，我不是來者不善，我無意打擾，只是想試著提供一些也許更好的協助。

二十五年前《阿鴻上菜》為什麼能夠在那麼多美食節目中讓人留下印象，現在回想起來才曉得，那是一種所謂的阿鴻個人品牌魅力。因為觀眾看的未必全然是內容，更多的是在觀察阿鴻和這些素人之間的溝通模式與互動關係。

我直到過了五十歲之後，才學會一個道理，就是「利他」、「利人」所產生的宇宙無限大的迴向能力。從來沒想過，能夠從這些小店和小販身上得到什麼反饋，但我真的很感謝那些店家和小販，願意把他們做出來的食物中所蘊含的「生命況味」和我們分享，而我們用這些生命況味來得到療癒。

食物之所以會讓人覺得美味，不是由於食材本身，而是食材背後所代表的生命意義，真正能夠感動人的原因是具有「人味」，也是現在很流行的說法：「有溫度、有人味的食物最能感動人心。」

因為有愛，食物才會令人期待；因為有愛，花好自然香，自開自美。「天生萬物以養人」，我有時也不免覺得，現代的人似乎少了一種敬畏天地的心，太過自我，把自己看得很重，總是會把自己放在第一位。萬物皆有靈，人生在經歷了這麼多苦難，能夠活下去是一種多大的喜悅。

我自認為是個纖細易感的人，也很習慣把自己放在最後一個，但是我的淡定不代表沒有感覺，我還是希望藉由這些節目得到感動與共鳴，無非也是想讓大家更懂得「愛物惜情」。

這一點也是從我的祖父母，還有我的父親身上所學到的最重要的觀念，我也想將這種美好的文化底蘊保留下來，甚至希望能夠一直延續下去。

創意料理輕鬆做

繽紛浪漫玫瑰醬汽泡飲

大花農場是目前全台灣種植面積最大的有機玫瑰花圃，在高雄佛光山我還吃到了獨樹一幟的「玫瑰花蛋捲」，吃入口中的那一剎那，迎面襲來濃郁芬芳的花香，讓我彷彿身處於巴黎香榭麗舍的感覺。當下我突然產生一個靈感，可以利用現成的玫瑰花醬加上7UP（七喜汽水）、檸檬汁或香檬汁攪拌，就是餐前飯後最美的玫瑰醬汽泡飲。

浴火重生的智慧

病癒體悟

羅宋湯

各自精采，各自歡喜

以前每逢天冷的時候，我最喜歡喝一碗熱呼呼，酸中帶甜的羅宋湯，總是能帶給人一種既暖心又暖胃的滿足感。

還記得許久許久以前，在我還吃牛肉的時候，每年冬季寒流來襲時，我總喜歡一個人在廚房，慢慢的依序備好各式食材，煮上一大鍋湯頭濃郁的羅宋湯，然後再邀請三五好友，大家一起圍在桌邊共享這份溫暖，品嚐幽靜美好的時光。

台灣的羅宋湯是來自於上海幫，據說，是當初猶太人逃到上海而引進的。不過，也有一說是源自於俄羅斯，當然也有人說是烏克蘭，至今仍然為了誰才是創始發明者而爭論不休，眾說紛紜，目前尚未有結論。不過，且讓他們爭執去，我們依舊可以淡定地慢慢熬煮，照樣喝我們的羅宋湯。

羅宋湯的主角當然少不了牛肉，採買回來的牛腱可以用清水稍微沖洗乾淨，再放至滾水中川燙過，以去除血水，然後再切成塊狀備用。另外，還有洋蔥、番茄、白蘿蔔、紅蘿蔔也是不可或缺的重要配角。當然，也可以自行加些喜歡的各式蔬菜調和鼎鼐，例如：高麗菜、馬鈴薯、西洋芹之類的，讓整鍋湯頭更加富含豐富的茄紅素、維他命C與胡蘿蔔素。

所有的食材都非常容易取得，想吃什麼樣的蔬菜，也是任君挑選，任君決定，沒有一定，更加沒有絕對。所以羅宋湯也不失為一種清理冰箱食材的好方法，端看您家裡現有什麼食材，都可以煮出千變萬化，多彩多姿的樣貌。

故而君不見如今各地羅宋湯的版本，早已不斷變化、超越與演進，發展至今，也衍生出各自精采，各自歡喜的萬千世界。如果不吃牛肉，大可以將牛肉換成喜歡或是容易取得的肉類、海鮮等食材。

多年來，我因為工作而在許多地方生活、駐足與停留，才體會到旅行真正的意義是在於不斷的「學習」。學習到德國人追求無限的生活品質，是為了更好的享受純粹的原味生活；法國女生只吃食物不吃食品，正是她們始終保有完美身材，又不會變胖的最大祕訣。

簡單的生火腿、乾香腸，再配上一瓶酒，不管它是什麼年分和酒莊，只在乎跟什麼朋友喝酒，這才是追求生活品味的極致。

在燉煮羅宋湯的過程中，一開始都是會先煮出蔬菜的香甜氣味，隨著時間的慢慢拉長，吸滿了蔬菜精華的牛肉搭配上番茄，也會開始產生不一樣的化學變化。

或許所有食材裡的精華，都是要在那冗長的細火慢燉裡熬煮出來，慢慢沉潛，靜靜浮現，就像最後完成的湯頭總是特別好喝；而牛肉也在這樣悠長

每一個遇見，
都是上帝給我們
學習生命智慧的機會，
我們無法預知
所有的答案是對還是錯，
等待時間的沉澱，
或許終有一天，
答案也會自然浮現。

的時間裡逐漸柔軟，入口即化。空氣中飄散的香氣，隨著時間的流轉，也是一點一滴變化著。

不過，為了去除牛肉的腥味，我們通常會加些月桂葉，適當地平衡與調和湯頭的口感。而香料和調味料的分寸拿捏，也是需要經過長時間的嘗試與精進，才能真正掌握香料應該只是適時提味，而不會奪味的精髓。猶如人生遇到很多事情的態度一樣，過與不及，都需要經過一番的歷練與學習。

等到最後加入月桂葉，完成這畫龍點睛的最後一筆，一股濃濃的異國情調不言而喻。在古羅馬，月桂葉代表著勝利和希望，也可以用肉桂粉代替。

進入演藝圈這麼多年以來，小燕姐一直非常照顧我、提攜我。無論是在我工作發展順利，人生得意之際；或者是因為健康亮起紅燈，陷入生命低潮時期，她總會以她的方式讓我知道，她對我的關心始終都在。

從她身上，我也學到非常多為人處世的哲學和道理，也明白了「有所為，有所不為」的真正涵義。我們永遠猜不到，老天何時會給我們一項考驗，所以，想辦法改變，適應環境就是我們每個人的功課。

每一個遇見，都是上帝給我們學習生命智慧的機會，我們無法預知所有的答案是對還是錯，當我們遇到難以解開的死結，或是找不到答案的委曲，我們只能選擇暫時抽離放手或是冷處理，然後等待時間的沉潛，或許終有一天，答案也會自然浮現。

過去曹又方總是這麼對我說：「對於那些不喜歡你的人，就讓他寂寞而死。」而我也一直在學，學習汲取生命的養分，即使是從壞的人身上也可以學到一二。

學習面對初老。因為一往無前，踽踽獨行多年，驀然之間才發現，回頭我已不再是少年，只能舉杯致青春的美好。

學習變得更加堅強。堅強從來不是天生的，而是靠後天養成。當一個人堅強久了，再也不需要依賴或是依靠誰，也就不得不逼自己變得強大，變得更加勇敢，學會一個人也能堅強的走下去。

這些年，也學會了獨處。

當人與人之間維繫聯絡的那條線，從「感情線」慢慢地變成「網路線」，人們也開始習慣總是一個人；一個人吃飯，一個人住，一個人玩，一個人過生活，一個人工作，一個人獨自旅行。或許，這也是現代人逐漸變得冷漠的主要原因之一吧！

看過電影《喜福會》，就會感受人的渺小，但又深切感受到世代承載的「愛」。如何找回像農業社會時代一樣的「人情味」，是我很想努力突破的新概念；我想重新找回傳統的生活態度與生活美學，重新找回家的溫暖，家的概念，家的 Style。我期許自己未來能夠「帶動生活美學，營造社區文化」，也祝願每個人都能重新創造自己的生活美學，建立自己獨一無二的 Home Style。

阿鴻上菜

阿彌陀佛羅宋湯

自從答應了爺爺不再吃牛肉之後，現在我已經可以做到，即使是不吃肉也可以很享受，所以羅宋湯倒也不一定非得加肉才好吃。可以製作一款無肉版的「阿彌陀佛羅宋湯」，先用奶油將切片的杏鮑菇炒至出味上色，再加入其他各式蔬菜或菇類，像是多年前曾風行一時的「菌菇養生鍋」，就是利用藥膳或是蔬菜水果的鮮甜，來搭配營養價值高的菌菇類食材，輕鬆就能在家烹調，也是經濟實惠，四季皆宜的好滋味。

釋迦沙拉

太陽很多，好釋連連

盛夏的台東，是陽光充足而且「熱力」四射的季節，同時也是釋迦和洛神豐收的產季。洛神是上天賜給台東最珍貴的紅寶石，台東「自然主義」農園的洛神還得到「清真認證」外銷到東南亞，現在這兩者都是高經濟價值的作物，成為台東赫赫有名的名產，行銷到世界各國，也成為另一種形式的「台灣之光」。

釋迦原本是一種生長在熱帶地區的水果，原產地最早是在中南美洲，據說是由荷蘭人引進到台灣。一開始釋迦主要在台灣中南部栽種，時至今日，現在台灣的釋迦種植面積相當廣大，以台東市方圓二十公里附近的卑南鄉、東河鄉、太麻里鄉一帶，以及台南歸仁區為主要栽種地區，總共約有五千多公頃，居世界之冠。而台東的種植面積更占了全台灣的百分之九十九，可以說釋迦替自己找了個水秀山明的地方落地為家。

不曉得是不是因為用中央山脈的天然礦泉水灌溉，還是台東地靈人傑，氣候適宜生長，再加上採用「草生栽培」來達到生態平衡。台東的釋迦不但個頭超大、甜度夠，而且香氣十足，特別「滋養水靈」，可以說產量最多，又最好吃的釋迦幾乎「攏邸台東」或是「台東製造」。

我個人非常喜歡吃釋迦、榴槤這一類的熱帶水果，尤其是大目釋迦，雖然要吐籽，但仍不厭其煩，而釋迦特有的香氣和「白泡泡、幼咪咪」的細緻口感更是讓我「愛不釋口」。每年一到釋迦的產季，媽媽總是不忘會在市場買些釋迦回來家裡存放著，當作我平日的養生美容餐。

在吃釋迦之前，我覺得應該先來好好介紹一下釋迦，因為它不但很好吃，經濟價值又高，還有豐富的營養成分與內涵，跟阿鴻本人還挺像的，真的滿值得來好好推廣的。阿鴻雖然天生麗質，但有時也得靠面膜來保養一下，釋迦它不必用面膜就可以達到「細緻水嫩」的程度，農委會真的可以考慮找阿鴻來當釋迦代言人。

釋迦的學名叫做「番荔枝」，又叫做佛頭果、釋迦果。起因於釋迦小時候的外型有點像荔枝，加上以前古代的人替那些從異地引進的蔬菜、水果取名，總喜歡在前面加個「番」字，以證明其外來的血統不假，例如番茄、番石榴、番薯、番紅花。

等到它「長大成人」之後，成熟的果實形狀非常類似釋迦牟尼佛的頭型，因此也被稱為「佛頭果」和「釋迦果」；不過，聽說在民間拜拜時，千萬不能用釋迦來拜佛祖，否則是一種大不敬的象徵。

釋迦具有維生素C、蛋白質、鐵、鉀、鈣、鎂、磷等多種礦物質，對於控制血壓、血糖相當有幫助。吃一個釋迦相當於吃十三顆蘋果的營養成分，對於一些牙口不好，或是患有高血壓的長者，釋迦等於是一種很優質的營養補給品，堪稱是水果界的「雞精」，而且豐富的膳食纖維還能促進腸胃蠕動與消化。

不過，釋迦的甜度很高，熱量也相當高，如果正在控制體重和血糖的人還是得留意一下，如果硬要說它唯一的缺點，就是釋迦的籽還挺多的。

釋迦是屬於大器晚成，「後熟型」的水果，再次證明跟阿鴻具有相同的特質。從市場上剛買回來的釋迦，一般都要放上幾天，等到變熟、變軟之後才能吃，而且越放越甜。建議最好單獨放在室內通風、陰涼的地方即可，除非急著吃，想盡早催熟，才能和香蕉、蘋果之類的水果放在一起，或者置於廚房這種溫度較高的地方。

還沒全熟的釋迦，顏色是比較深一點的綠色，熟了之後就會轉為淺綠或是黃綠色。另外，還沒熟的釋迦也記得千萬不能冰在冰箱存放，否則就會變成「啞吧釋迦」不能吃了，開開心心買回來的水果卻不能吃，無論甜與不甜，也真是有口難言了。

但如果是已經熟了的釋迦，可以把果肉取下放在保鮮盒或密封袋中，放在冷凍庫略微冰一下，吃起來的口感有點像冰淇淋一樣，值得一試。因為台灣的釋迦生產量極大，現在也利用很多農產加工方式，將釋迦製成冰棒或是冰淇淋。

在台劇《俗女養成記》中，女主角謝盈萱的阿嬤楊麗音，用單手捏爆釋迦來向孫女解釋維護女性貞操的重要性，這一幕雖然充滿創意與笑點，畫面的震撼程度也讓人印象深刻，但其實釋迦還算具有相當程度的堅硬，在運送過程中不易造成損傷，否則它也不會成為外銷出口的水果中，最受歡迎的其中之一了，除非是放到過熟，已經有裂開的情況，不然一般人是沒辦法徒手捏爆釋迦的。

媽媽經常會買很多水果囤在家裡，所以多年來我習慣在早上吃些簡單又清爽的水果，或是再加一些家中現有的食材，製作豐富的水果沙拉當成正餐，飽餐一頓。

釋迦的營養成分相當高，而且簡單的水果沙拉食材不拘，調味醬汁還可任君選擇，人人都可以在家自己ＤＩＹ，輕鬆製作一份吃起來既有飽足感，同時又賞心悅目，兼具視覺美感的水果蔬食養生餐。

阿鴻來到台東，當然也是就地取材，選擇當地和當季品質最優，又最好吃的釋迦來製作沙拉。只要將釋迦的果肉剝下，然後搭配一些苜蓿芽和洛神花萼（紅色部分，花瓣是白色的），再把水煮蛋的蛋黃用湯匙從篩網壓碎，均勻的灑在上面，再淋上酸酸甜甜的洛神蜜，就是老少咸宜的創意沙拉。

阿鴻的行動餐桌

邸 TAIDANG

https://www.facebook.com/DeTaiDang/videos/1325442807662970/

仙草傳奇

人間有味是清歡

記得多年前，曾經有幸受邀請到綜藝教父江吉雄家裡吃飯。那次去到他家，主人盛情款待，酒酣耳熱之際，眾人或高談闊論，或時而閒話家常，酒過三巡，大家不但吃得盡興，聊得開心，世間最簡單平凡的幸福，莫過於三五好友得空能齊聚一堂，把酒言歡。

餐桌上除了各式美味佳餚之外，另外還備有空心菜、昭和草和龍葵等三種綠色蔬食。即使是德高望重、赫赫有名的電視大亨，家中宴客所吃的盤中美食也都是台灣鄉間尋常的山味野菜，樸實無華的餐飲風格也讓我印象深刻，至今仍然記憶猶新。

終至夜色漸深，大夥兒最後都酒醉飯飽、心滿意足的依序向主人辭行，並且相約再聚，可說是一場酣暢淋漓的盛宴，賓主盡歡。

昭和草又名為神仙菜、飛機草，早年在台灣分布的範圍極為廣泛，從山間、田野、荒地、海邊，甚至是路邊也時常能夠見到它的蹤影。

它吃起來的口感與味道非常類似我們吃火鍋必備的茼蒿菜，因此它的別名又叫做野生茼蒿或山茼蒿。無論是清炒、水煮都很好吃，更講究一點的吃法，還可以將葉片裹上一層薄薄的麵衣，略微煎炸至酥脆，也別有一番風味。

不過，昭和草的名字為什麼聽起來帶有如此濃厚的「日本味」？我這裡有個非常特別的典故。

據阿美族流傳下來的傳說，在二次大戰期間，日軍打算長期作戰，並以台灣做為重要的軍事基地，為了長期提供充足的蔬菜給日本軍隊做為糧食補給之用，而山茼蒿因為容易種植，所以日軍特地以飛機在台灣上空到處播撒山茼蒿的種子，使其隨風飄散，大量繁殖，正好那時候是日治時期的昭和年間，所以它才被稱為「昭和草」。

適逢在台東鹿野錄製《阿鴻的行動餐桌》節目，有緣認識了當地的小農阿山哥。他因為抵擋不了來自於內心深處的呼喚，一直想要返鄉務農，回到台東。在與家人的一再討論後，他毅然決定放棄在台北辛苦經營多年的機車師傅工作，準備回鄉靠自己的雙手開闢出一片天地。

而阿山哥的媽媽為了幫助兒子完成心願，於是先行返回台東，選擇了曾經種植過的茶葉為起點。之後，他們一家人決定要「分散風險」，並且依照氣候節令同時種植了十餘種不同的農作物，包括了茶葉、地瓜、南瓜、香蕉、茄子……，以及昭和草、地瓜葉、甜菜等各式各樣的蔬菜瓜果。

看到十多種以自然農法、有機栽種的綠色蔬果遍植田間，在台東熾熱耀眼的陽光下呈現出一片欣欣向榮、生機勃勃的樣子，能在鄉間田野體驗雙腳踏在辛勤耕作的土地上，過著「汗滴禾下土」這種人人稱羨的田園生活，也算得上是人間仙境，難怪阿山哥心心念念也想回到台東。

每一種蔬果都是大地賜給我們的人間至寶，如果把這些「至寶」加在一起料理後上桌，那麼這一盤珍饈美饌豈止是普通的蔬菜而已，可謂「人間仙草」。

回鄉耕種不但讓小農得以自給自足，一家人也宛如經營「開心農場」一般的樂在其中。阿山哥一方面既傳承了母親教給他的農耕技藝，同時也創造出務農的成就感與踏實感。

聽到這令人動容的故事，因而觸動了我製作這道「仙草傳奇」的靈感，也算是向江老昔日的熱烈款待致敬。

台東鹿野有著素負盛名的豔陽高照和中央山脈雪水融化灌溉土地的「天然礦泉水」。得天獨厚、毫無污染的環境，還有經過認證的有機栽培，使得鹿野田間的火龍果一顆顆盡皆是碩大飽滿，「在欉紅」呈現出鮮豔欲滴的色彩，在陽光下光彩奪目，顯得更加迷人。

農民本著愛物惜情的儉樸精神，將火龍果皮切碎，加上砂糖醃漬，放置半年，便可製作成香甜可口的火龍果蜜餞或是果醬，完全天然又沒有任何添加物，是最佳的送禮自用的零嘴點心。

而「賽嘉田居」所出產的紅烏龍茶，同樣也是第二代茶農佳慧，以友善環境的「自然共生」方式來栽種茶葉的。他們特別選用經過小綠葉蟬咬過的一心二葉，使茶葉在製成後帶有一股發酵過的獨特蜜香和果香，喝起來別具風味，清香甘甜，也讓鹿野的紅烏龍茶盛名遠播。

我先將甜菜、昭和草、地瓜葉、糯米椒、茄子等各色蔬菜一一改刀，切成適合的大小，經過滾水川燙後，再將多餘的水分瀝乾，然後擺盤置於盤中，便算初步完成。

接著，我再利用當地媽媽和小農們製作的鳳梨蔭醬、火龍果蜜餞、米香和紅烏龍等食材製作調味用的醬汁。

這些食物本身便具有各自的特色和天然風味，放入食物調理機中攪拌均勻製成醬汁，適量的淋在川燙好的蔬菜上，根本不必再添加醬油、醋或是鹽等調味料，又具有強烈的視覺效果，完全取用當地當季的食材，便可以輕鬆簡單的製作成一道令人食指大動的菜。

生活其實很簡單，美味料理也毋須外求，每一道菜，都可以適時的就地取材，還可以改變原有的做法，增加一點趣味，就能打造出屬於你自己獨一無二的創意料理。

阿鴻的行動餐桌

邸 TAIDANG

https://www.facebook.com/DeTaiDang/videos/685662308612808/

黃金角煮

擷取大地的精華液

提到台東池上鄉，大家第一個聯想到的關鍵字，百分之九十五以上的人，一定都會說「池上米」或是「池上便當」，另外百分之五的人會想到熱門的觀光打卡景點——伯朗大道上的金城武樹。

來到這裡，除了可以在筆直的伯朗大道上騎腳踏車，累了還可以停在路邊休息一下，吹吹風，曬曬太陽，感受遠離塵囂的寫意與浪漫；或是可以找個搭檔，一起騎騎協力車，呼吸一下自然新鮮的空氣，享受台東輕鬆愜意的悠閒步調。

池上位於海拔二百五十公尺至三百四十公尺的高度，地處中央山脈和海岸山脈之間的花東縱谷平原，是一塊由溪水沖積而成，土壤肥沃的沖積平原。

充足的日照、豐沛的雨量，以及晝夜溫差大的特色，構成了非常適合栽種水稻的環境，也因此造就了享譽全國、名聞遐邇的「池上米」。由池上米所製作的池上便當更是遠近馳名，曾經是所有來到台東觀光的旅客必定要吃的鐵路便當，而且保證吃過的人都說讚。

不過，現在全台灣的街頭巷尾都可以輕易找到連鎖的池上便當店，但我總覺得少了一種懷舊復古的味道，似乎只有在台東當地或是火車上吃的池上便當最有fu，才是最正宗的鐵路便當。如果您有機會來到台東旅遊，也可以吃吃看這裡的池上便當，然後比較一下，再和阿鴻分享你的評比心得。

除了池上米之外，每年冬天在水稻休耕期的時候，大約在十二月到隔年二月間，就可以看到路的兩旁，整片田裡都是滿滿的油菜。如果挑對時間點來造訪，放眼望去，盡是有如黃金般耀眼美麗的油菜花田，隨便怎麼拍都好看，你也可以享受一下當「網美」的優越感。

油菜花田裡，不時可以看到穿梭來去，辛勤工作的蜜蜂，而這裡因為環境開闊，加上池上當地有非常多友善環境、有機種植的農民，所以這裡的另一項特產就是蜂蜜，純淨不受污染的蜂蜜，吃了相對讓人更加安心。

蜂蜜的成分除了有各種維生素、礦物質、胺基酸之外，還有葡萄糖和果糖，比起一般的砂糖更容易被人體吸收，所以自古就是一種很好的食物和藥材，對於咳嗽、腹痛都具有不錯的療效，同時也被廣泛應用在很多地方。

「邸Tai Dang」的執行長小洋，帶我拜訪了當地具有四十多年養蜂歷史的「池上樂峰場」。養蜂場的第二代蜂農健祺哥，原本從事電子業，也曾經做到部門主管，後來還被調派至中國大陸工作，但是長期的應酬文化與職場上的利益競爭，讓他萌生退意。

在回到老家休整之後，反而在這種「日出而做，日落而息」，簡單規律的農家生活中，找到一股能夠療癒身心的自然平衡力量，同時也讓他得以兼顧家庭和陪伴家人。

健祺哥的家族在池上有八十幾個蜂箱，要帶我去觀察探究一下蜂巢，在了解蜜蜂和蜂蜜之前，他還特別提醒我，因為蜜蜂對紅色與黑色容易產生警覺性和敏感的反應，所以在野外盡量避免穿這兩個顏色的衣服，以免引起蜂群的攻擊。

身為返鄉工作的第二代青年蜂農，健祺哥說，養蜂人就好比是農業中的遊牧民族一樣，一年四季裡，他們經常為了尋找好的花源與花蜜，必須得帶著他們的工作夥伴——蜜蜂（蜂箱）到處旅行，其實還是有非常辛苦的一面。

池上樂峰場目前有大家熟知的龍眼蜜與近幾年異軍突起的荔枝蜜，因為花源不同，兩種蜂蜜也各自有不同的色澤、香氣與甘甜。龍眼蜜色澤較深，味道濃郁醇厚；荔枝蜜色澤較淺，風味清爽細緻。

這就如同我們的人生路一樣，誰都無法預料，一路前行會遇到什麼樣的境況與遭遇，產生什麼樣的結果，只能說「如人飲水，冷暖自知」，各種滋味點滴在心頭，還得大家親自品嚐才能體會箇中滋味。

池上還有一個我認識多年的好搭檔——翔哥，他長年「隱居」在池上當起私廚，經營著「王群翔慢食家宴」，提供無菜單料理的美食給懂得吃，懂得欣賞，並且享受慢食的生活美學家來此品嚐。

翔哥帶著我走訪他常去的菜市場和店家，尋找最在地的食材，嚴格挑選，親自為品質把關。包括肥美多汁的放山土雞（閩南語俗稱相打雞）和無毒有機的野菜特區，將最天然的食材，用最簡單的方式烹煮，就能吃到食物本身自然原始的甘甜滋味。

在備料之前，翔哥先和我們分享，池上米洗好之後要用清水浸泡四十分鐘，這樣煮起來的米飯才會「Q心」，格外好吃。他特別挑選雞胸肉和雞腿肉的部位，搭配鳳梨苦瓜來烹調，煮成一道改良版的「池上鳳凰雞湯」，立時覺得美味再升級。

我把在市場上買的有機南瓜切塊，加上日本清酒燉煮，煮好之後再悶一下降溫，然後淋上些許「池上樂峰場」的蜂蜜，並且刮一些檸檬皮屑在最上層，更能呈現不同層次的香氣與風味，做法既簡單又美味。

南瓜是植物界的黃金，不但香氣綿密，久久不散，皮、肉、籽都可以吃，是一種全食概念的食材。其實任何食物都是有陰有陽，例如薑皮性寒而薑肉燥，使用時應從中取得平衡。時下流行快時尚和網路資訊，一切得來太過容易，反而不會加以珍惜。

最後再把蔬菜燙一下，淋上事先備好的醬汁，一桌簡單美味的佳餚大功告成。這種溫馨簡樸的氛圍，最適合和家人或是知心好友齊聚一堂，共同分享這種純粹、寧靜的生活之味。

阿鴻的行動餐桌

邸 TAIDANG

https://www.facebook.com/DeTaiDang/videos/399666464266874/

地中海番茄雞肉

涅盤重生之浴火鳳凰

自從回到新竹，擔任明新科大服務產業學院的創意執行長以來，我時常覺得自己好像學生一樣，重新回到校園學習。很多人積習成常、不願意改變，在和學弟妹的互動過程中，我從他們身上感受到一種年輕的朝氣，借力使力，教學相長，無形中也能鞭策自己繼續努力，也非常感謝學校給我這樣的機會。

「地中海番茄雞肉」這是一道學弟妹希望學習的菜式，使用大量的番茄與洋蔥烹煮的雞肉料理，番茄的鮮豔色澤和豐富的茄紅素，以及洋蔥天然的甜味，都為這道料理增色不少。而香料更能把湯頭的風味提升至另一個層次，做法也有點類似羅宋湯和義式蔬菜湯，食材簡單美味，無論是搭配中菜或西式餐點都非常合適。

這道雞肉料理主要的食材使用了番茄、洋蔥和雞腿。建議盡量挑選去骨去皮的雞腿，雞腿肉切成大塊之後，用鹽和黑胡椒醃漬十分鐘，再用橄欖油煎至表面呈現金黃色，即可取出備用。

接著將洋蔥切絲放入鍋中炒至軟化，可以加點蒜片續炒提味，同時把切成滾刀塊的番茄和雞肉一起加入拌炒，倒入水或高湯至食材八分滿，水滾後再放入月桂葉和百里香，關小火悶煮二十五～三十分鐘，完成後將香草撈出，加鹽和黑胡椒調味即可。

如果喜歡風味醇厚一點的人，還可以加一些油漬鯷魚進去，再用白酒去腥，也是十分受歡迎的地中海式飲食風格。油漬鯷魚是我以往不會去使用的食材，這次的經驗也算是一種跨界學習吧！

在將創意優化，變成像佛法一樣方便化的過程中，我才赫然發現：原來台灣也可以把地中海料理做得如此養生不違和。現在的年輕人普遍比較喜歡西餐和洋食，台灣不但具備了各種豐富的食材，同時也是一個適合米其林主廚認定的「產地即餐桌」的完美演繹的表演舞台，一個可以充分發揮廚藝的舞台。

以前曾經聽過一句話，覺得充滿了人生哲理與興味：「食物中蘊含著大千世界，烹飪裡也藏著萬種乾坤。」在工作的領域中一路走來三十年，從無數次的跌倒中不斷摸索，學會了重新站起來的技巧與能力，還學會了從生活的酸甜苦辣中，提煉出人生的況味，也希望藉此將那些挫折一一轉化為生命的養分，從中汲取重生蛻變的智慧。

我曾經有一段時間，是處於「憤青」最嚴重的時候，可以毫不猶豫的，為了捍衛處於弱勢的母親，放話敢拿石頭敲那位介入我家庭的第三者。對於許多不合理的世事過度敏感，充滿不安和負面思考，和許多人事選擇保持一定的距離，幾乎到了「杯弓蛇影」的地步。

我後來也自省著：一個人脾氣差，除了自私的原因之外，更是「沒本事」的象徵，會生氣都是因為能力不足，不自信，不會控制情緒的緣故。

事隔多年至今，我父親願意選擇回家，和家人團聚，我才能夠體會到「人在江湖哪有不挨槍」的道理，是因為在當時無能為力，沒有找到理由接受和面對「與惡的距離」，因此用負面方式反應，也無法寬恕很多事情。

人在江湖，如何不讓自己成為漿糊，是很重要的哲思；過去的存在應視為經驗與養分，而不是沉重的歷史包袱。當我們處於負面的情緒下，最好的方式是培養生活嗜好來轉移注意力，用時間換取建設性，放下過去的種種不愉快記憶。有一段時期，我經常覺得不開心，後來我開始接觸植物，從最初買來的種苗經常種到死，慢慢到後來變成了綠手指。

中間的過程我也不斷省思自己的問題，是因為我沒有真正了解植物的特性，而錯把它用自己「認為」的方式來餵養，一味要它照單全收，而不懂得「換位思考」，後來我才明白：了解它的特性和需求才能夠真正的付出和給予，達到和平共處的道理。

世上的事沒有絕對的對與錯，只是看待問題的角度不同，立場不同，答案自然也會有所不同；而所有的誤會都來自不理解，所有的矛盾源自不溝通，所有的錯皆因不信任。

惟有如何設停損點的專業與世故，才能讓一切的是非對錯、因果善惡成為過去。時間是最好的療傷與試煉，把「這件事為什麼會發生在我身上」的想法，轉換成「這件事教會了我什麼」，讓美麗的錯誤持續美麗，成為一個良善的循環，找到自己的中心價值不受外界干擾，做一個改變命運的運轉手。

不知道這樣算不算是一種自我修煉，而不是活在負面情緒中的憤怒鳥？

如今感謝上帝的安排，這一切的際遇讓我有機會學會珍惜，學會獨立自理，還有危機意識讓我學會愛物惜情，去掉媒體人喜歡應酬、浪費生命的習氣。

真正有公主病的多半不是公主，世間一切事物沒有不必經歷辛苦就可以憑空獲得的，這就是因果。懂得逆向思考的人要相信你所受過的苦，最終都會變成你前行路上的光，吞下去的苦，全部都讓它變成滋養生命的養分，如果能夠做到這一點你就贏了。

每個人在這世上，至少都要有一處「深夜食堂」。當你吃到熟悉的食物，讓自己用味覺重新認識周遭，觀察世界，就會產生一種彷彿回到「家」的安心感覺。

那裡未必是你真正的家或故鄉，但絕對是能讓你放鬆休憩，心之嚮往的所在，待你擷取所需滿滿的能量，就能以嶄新的姿態與心境走出食堂，輕裝便行，再度出發，面對這個偶爾也會讓人感到艱難的世界。

雖然在同事口中，我的母校明新科大附近都是「美食沙漠」，其實不然。感謝去年我有機會得以重回校園，重新改寫大多數人對新竹是美食沙漠的印象，這是我欠這個蘊育我成長的這塊土地的一份情感，而人生最大的幸福莫過於完成一件圓滿任務。

我何其有幸，遇見了這一位「快樂小吃店」的妙妙阿姨，妙妙阿姨利用垂手可得的食養文化，以土肉桂代替香料滷包來燉煮「養生黑豆猪腳湯」或是「十全大補湯」，從農村生活中學會微觀察覺「一方水土養一方人」的人生智慧。

很多地方的美食之所以會備受推崇或肯定，有時未必是因為食材多麼高貴或者是多了不起的人間美味，而是在這種熟悉的味道中蘊含著一種長期積累的生活之味或是生活智慧，而這些文化底蘊在我們的記憶中經過時間的醞釀與發酵，更顯得與眾不同和美好，而也正是它們現在看起來閃閃發亮的原因。

父親與我都曾出走半生，歸來重新相聚的我們也非昔日的盛年與少年，只盼望這數十年在外漂泊的經歷，能讓我們彼此磨合這段時間造成的距離，找到可以繼續對話的頻率，找到一個可以重新開啟的契機。

江湖一點訣

加鹽timing很重要

將去骨雞腿有皮的那一面朝下放至鍋中，煎至兩面黃且出油。待煎成雞腿排定型後，再把橄欖油、洋蔥、番茄等蔬菜和香料加入一起拌煮，做法跟「東北乳燉」或是「白菜滷」的概念頗為類似，最後再加鹽調味，就是一道簡單容易上手的「台式地中海料理」。在製作料理時，太早加鹽容易產生酸敗，而且肉中含有鈉離子，起鍋前再加即可。

金秋地瓜沙拉

秋霞向晚天

曾經看過一篇文章分享，看了之後心中頗有感觸，久久難以忘懷。其中有幾句話是這麼寫的：

我在等一個人。

一個可以陪我在陽光燦爛的春日，一起去放飛風箏也放飛希望的人。

一個在我心血來潮的時候，會和我衝到雨中而不顧路人目光的人，

一個在秋風乍起的時候，什麼也不說，卻會把外套輕輕給我披上的人……

剛好最近的時序入秋，可能是因為季節變換的緣故，落日餘暉經常把傍

晚的天空染成了一整片的金黃色，對照著在網路上看到許多人分享的秋天景色的照片，有極為應景的銀杏和隨著氣溫降低逐漸轉紅的楓葉和落羽松，以及山上或河邊迎風搖曳的蘆葦，難免讓人有點傷懷與感慨。

之前有很長一段時期，因為工作的緣故而待在上海好幾年。住在上海的期間，我認識了很多來自台灣的人，可惜的是，絕大多數都沒有太多的互動與交集。

唯一有一位是例外，我真的由衷感謝這一位大師，同時也想藉這個機會特別向他致敬，他就是改變了台灣單機作業的偶像劇之父——黃以功導演。

黃以功導演本身是文青中的文青，對美感特別靈敏，在觀察每一個人總是能從藝術的眼光去欣賞。他不僅教會我怎麼去追求愛，怎麼讓人一看就知道我跟美食的話題密不可分、息息相關，而且他也分享了賺錢要趁早等許多有關於理財方面的資訊給我。

剛好有一次閒暇之餘，我們聊到了關於「美」的話題，以及什麼樣的人最具有魅力。黃導演他告訴我，他所觀察到的鄧麗君、張小燕，還有周迅等多位大咖明星，她們工作時在眼神中仍然保有適當的留白與神祕感，舉手投足間自然不做作的流露出一種吸引人的美麗姿態，讓人印象深刻。而她們周身所散發的氣場與氣質，也和每一個與之合作的對象互相起了化學作用，相互輝映，創造出無可替代的經典話題。

也因為黃以功導演，經過他像父親一樣慈愛的鼓勵讓我信心大增，幫助我走出「見山不是山，見水不是水」的盲點，能夠繼續接受生活中所面臨的不同考驗，也徹底拋開了過去那種畫地自限、作繭自縛的想法，讓我得以盡情釋放自己的能量，展現出有別於過往的堅韌與勇敢。

地瓜又叫做番薯，是一種很常見的食材，在美洲、歐洲、亞洲等地都可以發現地瓜分布的範圍非常廣泛。

由於地瓜對於種植環境和土壤沒有特別的需求，而且一年四季皆可栽種，即使是再貧瘠的土地也能生長。也是因為它剛毅堅忍和隨遇而安的特性，所以「地瓜精神」常常被拿來形容和比喻，即使是處於困苦的環境中，也能逆境求生、努力發展的旺盛生命力。

這些年，因為工作的緣故，我經常一個人走北闖南，東奔西走，無論到了什麼環境，倒也像地瓜一樣順應天命，自在安適。

在早期生活困苦的年代，對於台灣的許多家庭來說，地瓜曾經扮演了極為重要的角色。由於地瓜栽種容易，幾乎每戶有農地的人家都會種植，價格相對也很便宜，當時可說是一種非常重要的經濟作物，也是生活中不可缺少的食物。

不只地瓜本身可以製成各種主食或甜點，就連地瓜葉也因為生長快速，可大量栽種而被拿來餵豬，所以以前地瓜葉又被稱為「豬菜」。不過，後來經過研究發現，其實地瓜葉極具營養價值，富含了胡蘿蔔素、維生素和礦物質，具有抗氧化的效果，也成為新一代的養生美味蔬食。

目前台灣的地瓜主要以黃地瓜、紅地瓜、紫地瓜等三種顏色為主，後來也有白色地瓜的品種引進栽種，不過在台灣幾乎還是以黃色地瓜的品種為最大宗，同時也最常見，最容易買到。

而地瓜不論是切片放在米飯上一起蒸煮，或是煮成地瓜湯、地瓜稀飯、烤地瓜、蜜地瓜，或是製成地瓜條、地瓜球、地瓜圓，以及加了麵粉製成的番薯籤……豐富多樣化的各種地瓜美食，也成為許多人童年記憶中一道尋常又永遠難忘的風景。

台灣早期拿地瓜當內餡原料，通常是窮人拿來代替月餅。在新竹北埔老街上，老婆餅成為人氣的伴手禮，在桃園叫做月光餅，地瓜隨著時代轉變，也開始成為富豪每天必食的健康食品，卸下命運的鎖鏈不再土俗。

連知名的烘焙品牌用地瓜餡料的磅蛋糕，年銷售量都可以超過十萬條，台灣地瓜的價值從梅粉地瓜條開始，像擁有冰雪魔法華麗轉型，已經成為深受年輕世代喜愛的最夯品味。

我個人比較偏好將地瓜蒸煮來吃，據說經營之神王永慶，以前都會習慣每天早上吃一點蒸地瓜。蒸好的地瓜可任意搭配家中現有的蔬果食材製成沙拉來吃，既方便又營養，而且還非常簡單快速。

一次做好兩三天的分量，還可以暫時冰在冰箱保存，肚子餓時，隨時可以當成點心或前菜。尤其是地瓜和白飯一樣，放涼了再吃，裡面的澱粉會轉為抗性澱粉，可降低熱量的吸收。

通常我會先將地瓜和雞蛋放在一起蒸熟，把地瓜壓成泥狀，水煮蛋切丁。阿鴻私房推薦也可以購買便利商店的烤地瓜或蒸地瓜，我們的台農五十七號地瓜非常好吃。

然後將青豆仁或毛豆、紅蘿蔔丁燙熟，將所有材料加在一起，加一點好的橄欖油和牛奶調和拌勻，再加入些許鹽、黑胡椒、義大利香料調味，就能當作一頓豐盛美味的早餐。

任何人都能簡單上手的地瓜沙拉，既能有效保留地瓜原有的維生素、礦物質等各種豐富的養分和膳食纖維，有助於代謝和清除體內的壞膽固醇和廢物，促進腸胃蠕動，而且它的澱粉質也具有相當的飽足感，每天早上吃一點地瓜，還具有防癌、養生的功效。

準備好了嗎？趕快和阿鴻一起來吃早餐吧！

創意料理輕鬆做

地瓜風味奶昔

這兩年經常往返台東工作，有一回吃了「楊記家傳地瓜專賣店」的地瓜酥和地瓜蜜，竟然莫名勾起我兒時的甜蜜回憶。採用台農五十七號地瓜，用麥芽糖去熬煮的地瓜蜜，吃起來別有一番復古的滋味。回到家後，我用地瓜蜜和酪梨、牛奶打成奶昔，沒想到地瓜蜜也可以用來取代OREO或哈根達斯，不但增加了纖維質，在口感和甜度上都恰如其分，完全不用加糖，意外成為我的下午茶特製甜點。

面對與放下

華麗轉身

野生鱸魚麵

CEO餐桌傳承的幸福滋味

一次因緣際會的情況下，受邀到一位老總位於上海佘山高爾夫球場景觀別墅區的家中用餐。佘山是上海最高的山，這裡又是有名的高爾夫球別墅區，因此，擁有居高臨下的視野和一望無際的景觀自然不在話下。

這位老總事業有成，財富驚人，在許多地方均有各種投資項目，然而最近的一項新事業卻在進駐美國波士頓時鎩羽而歸。我以為他必然因此而英雄氣短，意志消沉，沒想到卻突如其來接到邀約，請我們到他家中做客和用餐。

來到佘山，除了氣派的獨立別墅區之外，大約有七畝半的面積是做為綠地配置，其中當然不乏精心雕琢的林木景觀、庭園造景、假山和小橋流水之類的設計與安排。只不過，我對於這種豪奢的環境並沒有太多的觸動，因為感覺上總缺少了一絲絲「家」的味道，僅是走馬看花的大略看一下。

老總家和許多上海有錢的富豪大戶一樣，都有請「住家阿姨」來協助做飯和專職打理家務。而這次宴客的私房菜——「野生鱸魚麵」，就是在自家主人口傳心授下，特別請阿姨煮出來的家傳菜，據說是老總因為懷念母親所傳承下來的「媽媽的味道」，特別「復刻」和「還原」兒時母親做給自己吃的鱸魚麵，在外面還吃不到一模一樣的口味。

鱸魚是一種個性凶猛的掠食性魚類，以吞食小魚和甲殼類的小蝦子維生，通常野生鱸魚在河海交界的地方比較容易捕捉到，有時也會溯游至淡水水域中覓食。由於鱸魚具有蛋白質、維生素A和D，以及鐵質等多種豐富的營養成分，高蛋白可提供形成膠原蛋白的原料，對於促進傷口的恢復非常有效果，而且據說野生鱸魚特別的養生滋補。

以前很多老一輩的人常會燉鱸魚湯給坐月子的產婦或是開過刀術後復原的病患，甚至是體力衰弱的老人家、食慾不佳的小孩子，均有極佳的養生滋補療效。中醫也認為鱸魚具有強健脾胃、補肝腎的功效，所以鱸魚湯也相當於古時候的「雞精」。

只不過現在的鱸魚大多為人工養殖，一般都是養在沿海的水域中，幾乎一年四季都能吃到鱸魚，也因為大量養殖的緣故，所以價格相對便宜很多，野生鱸魚則比較罕見，自然也就所費不貲了。

當天我們一行人能夠親眼見識到，特別從武夷山下捕捉的野生鱸魚真的是非常幸運。新鮮的鱸魚經過急速冷凍處理後，千里迢迢專程運送到上海來，冷凍的鱸魚放在一塊木板上，上面還用一塊白色棉布蓋著。這條野生鱸魚的體型幾乎和鮭魚一樣碩大，看來我們真的是挺有口福。

聽老總說，孩提時期母親常做這道鱸魚煨麵給全家人吃，尤其在寒冷的冬夜裡，全家人圍在餐桌旁一起享用，喝著燙口卻又鮮甜無比的魚湯，以及讓人忍不住一口接一口，停不下來的Q彈麵條和滑嫩的鱸魚，兒時的記憶也因為有這一幕幕熱氣蒸騰的畫面，讓家的感覺備感溫馨與甜蜜。

即使這道料理在外人眼中看來，似乎平凡無奇，沒什麼特別之處，但對他而言，卻是充滿了純真樸實的味道，每一口吃的都是滿滿的幸福回憶以及母親對於子女們的呵護與關愛之情。

這道鱸魚麵的烹調方式非常簡單，首先將鱸魚切段，兩面乾煎至金黃，以此鎖住魚肉的鮮甜，然後放到滾水中，再加入關廟麵煨煮，可以用蒜苗和白胡椒調味，直到麵條入味即可起鍋。原來，簡單生活也是過日子的一種態度。淡而有味的綿長幸福比起什麼都來得好。

老總以佘山這麼高規格的方式，千里迢迢從福建運來野生鱸魚，並且使用來自沙勞越的白胡椒，原來不是為了想炫富和誇耀，回歸最原始的味道，追溯充滿媽媽味道的記憶，只為了承傳這個家族和母愛的生命印記，只是想和我們一起「分享」這種生活中獲得的喜悅和滿足，是有錢都買不到的幸福滋味。

這也讓我對於「為富不仁」這樣的刻板印象有所改觀，原來，老總的生命中，還是有很本真的一部分。有錢除了要學會有品味，還要學會分享的概念，生命才會因而更加豐盛與柔軟。這就是日後影響了我打造CEO餐桌的雛型概念，也看到有別於網上大量的包裝，食物的背後都有每個人的生命故事。

人生中總會遇到各種關卡，每個人都是藉由「吃」，從中得到補償和療癒。這樣傳承已久的食養文化，則是源自於過去的人們對於食材的珍惜，也是一種敬天愛物，簡單樸實的生活態度。

原來不是只有族譜要溯源，家中的食譜也是可以打造出精心的私家宴，每個家庭都可以有一本精采絕妙、感人肺腑的傳家食譜。而我們今天吃的不只是食物的原味，還有添加了兩種特殊的調味料，一種叫做人生況味，另一種則是最最溫暖人心的人情味。

阿鴻上菜

薑絲鱸魚湯

先將鱸魚清洗乾淨，去除內臟，改刀塊，煮一鍋水，沸騰之後將魚放入快速燙過撈起。另煮一鍋熱水，沸騰之後放入魚塊煮熟，起鍋前再加薑絲、蔥花，以及少許的台東綠島珊瑚鹽舖的鹽之花、胡椒粉，就能吃到最為鮮甜清爽，賣相極佳的薑絲鱸魚湯。

心太軟

相信自己，永不放棄

上海海派排場極為重視冷盤，強調「吃巧不吃飽」，像是台商常去的老吉士、小南國、紅豆食府等，都是非常有名的餐廳。有的宴席前菜就有十至十二道，精緻華麗的陣仗，光是吃這些就飽到天靈蓋了，例如「十二金釵」就是延續了這種精神，套句上海話來形容就是「老靈光」，一切都非常美好！

有一道上海餐館飯後的著名甜點「心太軟」，想必有很多人都吃過。這道可口的點心具有紅棗本身香甜的氣味，搭配上糯米柔軟的口感，還有外層再淋上桂花釀或是糖蜜，雖說只是飯後的小點心，但是色、香、味兼具，也是讓許多饕客念念不忘的甜蜜滋味。

紅棗的營養價值頗高，含有豐富的鈣、鐵，和維生素B、C等營養素，有助於抗氧化和修復細胞；在中藥裡來說，也具有補中益氣，養血安神的功效。

這原本是上海著名的私廚餐廳HOMES的廚師王炬明在一九九九年所發明，一開始也只是因為過去上海人習慣在飯後點一碗紅棗糖水來喝，但是他覺得這樣似乎太過甜膩，為了降低甜度，而將小湯圓填入紅棗中，卻沒料到，這款「糯米紅棗」推出之後廣受歡迎，無心插柳竟意外成為名聞遐邇，走紅於兩岸三地的上海知名甜點，也是一段極有意思的小插曲。

這個小故事也告訴我們，人生有夢就去追，不要怕麻煩，覺得累就輕易放棄。Never try, never know，不去試試，又怎麼會知道最終的結果？

《小王子》書中也提到：「只有用心才看得清楚，真正重要的東西，只用眼睛是看不見的。」

人生一世，草木一秋，雖然每個人都有命數，但人生在世來去一場，重在質量不在數量。我相信能在有生之年努力彩繪人生，比起那些過陽春白雪日子，只求安生的人來得更加值得。

有句電影台詞說得非常好：「在追夢的路上，寧願華麗的跌倒，也不要站在原地假裝優雅。」

更何況，我始終堅信：人生旅途中只有累積，沒有奇蹟，無論順境也好，逆境也罷，都只是一段「過程」。若沒有這些辛苦掙扎、持續推進的過程與經歷，又如何迎來精采紛呈的人生？

不過王師傅也表示，在上海只是簡單的稱為「糯米紅棗」，至於「心太軟」的名稱似乎只有台灣這樣命名，也許和當時任賢齊的歌〈心太軟〉極為流行有關。

而且這是一種製作方法非常簡單的上海甜點，嘴饞的時候，每個人都能在家輕鬆製作。可先將紅棗乾泡水，待軟化之後再用小刀將籽取出備用，最重要的技巧是不能將紅棗完全切斷。

然後再將冷水分成幾次加入糯米粉中慢慢揉成糰，取適量的糯米糰填入紅棗中間。接著把包裹著糯米餡的紅棗放入油鍋中低溫油炸，油量記得要蓋過紅棗的高度。油炸過的紅棗，不但香氣會變得更加濃郁，紅棗的表層也會呈現光滑油亮的色澤，而且糯米糰也會變得白泡泡，幼咪咪，口感更有彈性。

等到紅棗煮熟之後浮起來，即可撈起。最後再煮一鍋糖水，並將炸好的紅棗放入，等到糖水收乾即可。

如果喜歡層次豐富一點的，也有朋友嘗試淋上桂花蜜，也是別有一番風味。不僅小巧精緻、賣相絕佳，香糯軟甜的香氣和口感更是絕妙，吃過的人很多都會愛上。

我們總在討拍、找愛，尋找別人對於自己的肯定。以前常常被強迫去算命，現在想來，可謂一種霸凌，奉勸年輕人不要去算命，華麗的背後有多少無可奈何，人要相信自己，永不放棄。

人生沒有滿分，只有滿足，我們毋須事事追求完美，處處和人比較，讓太多事壓得你喘不過氣，累壞了自己。害怕過才會更勇敢，傷痛過才會變堅強，堅持過才會有希望。

但何妨偶爾和自己賽跑，觀看自己一路前行，在成長的過程中所留下的腳步和軌跡，然後擁抱自己「內在的小孩」，對那個曾經努力過的自己說聲：「你辛苦了！」

至於那些誇誇其談、鐵口直斷的江湖郎中，即使不用一毛錢，我也一點都沒興趣，誰的命不都是拚出來的？

雖說每個人都只是這天地間的過客，有些人和事，我們誰都做不了主，譬如離去的時間，譬如走散的人。很多時候，你越想牢牢握緊，但越是拚命抓在手裡的，往往是最快離開你的，就像是握在手裡的沙，終究還是會一點一點的從指縫間流逝。

人如果不能改變命運，那就只能改變自己。人生需要放下，才能擁有更多。生命有了縫隙，陽光才能照進來，即使是再長、再黑的夜，太陽總會升起。所以不管重來多少次，人生肯定都會有遺憾，有了那些遺憾和不完美，才能幫助我們成為更好的人。

創意料理輕鬆做

懶人版心太軟

如果想在家製作快速又簡便的「心太軟」，可以購買已經去籽的紅棗和寧波年糕，然後將年糕切條塞入紅棗中，放入電鍋內蒸煮三十分鐘，最後再淋上桂花蜜放涼或是置於冰箱中冷藏即可食用。

雪菜黃魚煨麵

深淺有致的豐富底蘊

上海簡稱「滬」，原本是指一種漁具。在晉朝時期初步發展成為一個區域的漁港、鹽產地和商貿市集，由此可見，上海舊時也曾是一個漁村。而近代一百多年間，上海陸續匯聚了來自周邊各省各地的移民，甚至因為曾是租界的緣故，外國居民也占有不小的比例。

根據維基百科內容顯示：「上海位於中國東部海岸線的正中間，長江三角洲最東部，東臨東海，南瀕杭州灣，西與江蘇、浙江兩省相接，北端的崇明島處於長江入海口中，與周圍的江蘇、浙江、安徽三省多個城市共同構成世界級城市群，長江三角洲城市群是其重要的組成部分。」

所以從地理位置與歷史因素來分析，上海人自古以來就偏好河鮮、海鮮則是其來有自，更有幾句上海老話用來形容美食的鮮甜程度，不但非常貼切，我第一次聽到還覺得挺有意思，像是：「鮮到眉毛要掉下來」和「鮮得來打耳光也不肯放」，由此可見，對吃極其講究的上海人有多重視「鮮」味。

「雪菜黃魚麵」正是傳說中可以鮮掉你的眉毛的一道上海常民美食，幾乎家家戶戶的餐桌上都可以瞧見這道料理。這道菜有兩個相當重要的角色，一是雪菜，一是黃魚。

雪菜一般又稱為雪裡紅或是春不老，是芥菜的一種。用在料理的雪菜是取芥菜的莖葉醃漬而成，常用來炒肉末，非常開胃與下飯。黃魚又叫做黃花魚，福州地區的方言，則稱之為「黃瓜魚」；黃魚的「前世今生」就值得咱們來好好探究一番了。

黃魚原本分布於浙江、福建和廣東一帶的沿海地區，每年在十二月至隔年二月間，黃魚從浙江海域南下，經過馬祖東引和亮島（舊名橫山）以東海域，向南洄游越冬，形成冬汛。四～六月間，魚群再陸續從東南外海往北，進入東引漁場產卵，形成春汛。

在一九六〇年代～一九八〇年代中黃魚盛產時，福州還流行一句俗諺「東引黃瓜打倒豆腐店」，意思是說黃魚比豆腐還便宜，所以福州人也將黃魚叫做「橫山」，用來形容數量之多。

另外還有句諺語「三月三，當被單，吃橫山」，意思為即使沒錢也要當被單，換幾條鮮甜味美的黃魚來大快朵頤一番。黃魚雖是魚中極品，但那個盛產的年代因為魚群數量太多，一般人都還是吃得起的。

漁汛期的黃魚因為魚鰾會發出有如水沸聲般的聲響，在以前還沒有回聲探測器的年代，漁民們都是藉著黃魚的聲音來判斷魚群大小與位置。而此一時期適逢黃魚的產卵季節，肉質最為肥美，營養價值極高，也正是眾多老饕們心目中的「人間極品」。

為什麼說是極品呢？除了黃魚是一種相當高檔的魚種之外，由於黃魚通體呈現金黃色，看起來頗為吉祥喜慶。每逢農曆年前，幾乎家家戶戶都會購買黃魚來加菜，藉此討個吉祥的好兆頭，所以過年前通常也是黃魚價格飆漲到最高峰的時期。

野生黃魚由於營養價值高，魚鰾又可製成魚膠高價售出，素來在市場上就是價值不斐的珍饈美饌，因而成為漁民們心目中的「夢幻魚種」。但也由於兩岸民眾對於黃魚特別的偏好，二〇〇〇年以後，大陸地區漁民以炸魚和拖網方式過度捕撈，所以在二〇〇三年以後幾乎很難再捕捉到野生黃魚，所以也更顯得稀有而珍貴。

目前市場的黃魚，大多為福建地區成功養殖的大黃魚和小黃魚，少數則是野生的小黃魚。大黃魚和小黃魚不但是兩種截然不同的魚種，甚至在體型大小上也有天壤之別的差異，大黃魚長度約為四、五十公分，小黃魚約為二十多公分，而且兩者在價格上完全無法相比。

雪菜黃魚雖然味道極為鮮美，但也是一道工序繁多的料理。高級一點的可以上餐館吃，或者用價格高貴的大黃魚來烹煮；經濟實惠一些的家庭，就選擇小黃魚來代替，肉質口感雖然略微有別，但不致相去太遠，口味鮮甜才是決定一切的重要關鍵。至於是野生亦或是人工養殖的黃魚，就看當時的荷包和心情，還有很重要的「機緣運氣」來決定。

要做成這道細膩的料理，得先備好十足十的耐心。

然後將黃魚洗淨去除魚骨，片下魚肉並切成小塊，並以鹽、酒、胡椒粉、蛋白、太白粉抓勻醃漬入味。然後將魚頭和魚骨用油略微煎至金黃，再將事先備好的薑片、蔥段和蒜末加入油鍋煸炒，倒入大量的水慢慢熬煮成一鍋乳白色的湯底，再將魚頭和魚骨撈起。

雪菜不宜挑選醃漬太久的，免得太鹹，大約醃好兩三天即可。同樣也是洗淨切末，用油和蒜末煸炒過，可加一點點糖略微調味，接著再放入湯裡煮至入味。另外煮一鍋水，沸騰之後下麵條，煮至八分熟撈起，將麵條加入湯裡煨煮至熟，最後加入魚片燙一下即關火。

俗話說「海納百川，有容乃大」，上海人最了不起的精神就是很會發現其他地方的飲食文化特色並擷取所長，再融入自己本身具備的優勢，重新創造出屬於上海人層次豐富的「文化底蘊」與「海派文化」。

這也正是上海之所以迷人的地方，因為她總是千變萬化，令人目不暇給，而這種底蘊的厚度也決定了上海的高度；就如同我們也得用文火慢慢的熬煮出人生的底蘊，經由過去生命的磨難，逐漸累積成為現在的養分，構築成為更好的自己。

阿鴻上菜

台式夢幻的美人魚煨麵

雖然野生黃魚求之不易，但同樣是來東海的漁汛，也可以用白帶魚取代黃魚，料理新鮮、營養的煨麵。白帶魚煎到兩面黃，並且將蔥段、開陽爆炒，連同魚一起放入滾水中，加入新竹生麵先用大火煮至滾，接著轉中小火煮十分鐘，起鍋前放少許胡椒鹽即可。

上海蔥油拌麵

屬於家的酸甜之味

上海原本是個極具情調和魅力的城市，她曾經保有了近百年來的歷史人文縮影。有些城區裡林立著各式新舊交錯，中西並存的建築物，既和諧又不顯得突兀，似乎原本就應該存在那裡。

這些景致像極了有著昏黃色調的黑白老照片，當你想要細細探索與記錄十里洋場過往的歷史風華，你會赫然發現：照片裡的場景與人物，信手拈來每個都是故事，每個都是經典，時間彷彿靜止在那裡不曾改變。

近幾十年來，由於舊城改造（台灣稱為都更）的緣故，許多原本位於巷弄衖衕裡，不甚起眼的老字號餐館與小店，甚至是街角旮旯處的小攤販，不知從何時起，竟然逐漸的在弄堂裡消失，不見蹤影。

這些飯館，大多數沒有華麗的門面裝潢與豪華氣派的招牌，有的只是幾張簡單的桌椅和一目瞭然的菜單，幾道家常菜，簡單樸實的就像在自家吃飯一樣自在與隨意。然而，時代的味道卻永遠在心裡擱淺，成為絕唱的經典。

對於上海這個偌大的城市而言，我只是個小小的過客，面對這種消失在記憶中的美好年代，尚且有這般種種的不捨，不曉得老上海人在緬懷失落的城南舊事之際，會不會與我有著類似和相同的魂牽夢縈？這倒讓我想起了當年白光唱的那首上海老歌〈魂縈舊夢〉，而蔡琴翻唱的版本重新在編曲上做了調整，曲調似乎也更為柔軟，更加貼近人心。

花落水流　春去無蹤　只剩下遍地醉人東風
桃花時節　露滴梧桐　那正是深閨話長情濃
青春一去　永不重逢　海角天涯　無影無蹤

燕飛蝶舞　各分西東　滿眼是春色　酥人心胸
青春一去　永不重逢　海角天涯　無影無蹤
斷無訊息　石榴般紅　卻偏是昨夜　魂縈舊夢

上海菜又叫做本幫菜，濃油赤醬是其最大的特色之一，看起來濃稠油亮的調醬，滿滿的都是媽媽的家常菜味道。蔥油拌麵就是一道相當平易近人，非常典型的上海庶民小吃，而且每家的味道保證都不一樣。有點類似台灣的乾拌麵，簡簡單單就能當作一餐填飽肚子，不僅好吃，價格親民，完全符合我整天掛在嘴邊的那句話：「給我對的，不用給我貴的。」

在冬天盛產蔥的時候，可以事先把蔥和豬油煉好，盛裝到罐子或其他器皿裡，等到餓的時候隨時想下點麵條，可以再自行加些醬油和醋之類的調味料，就是屬於每個家獨一無二的「家傳味道」。

這個做法看似簡單卻不簡單，其實還是有點學問在裡面。得先起油鍋，待油燒熱之後，再把切好的蔥段放入油鍋中慢慢煸炒，然後加入開陽，等到蔥段變得焦黃，蔥和蝦米的味道完全融入油中，再將食材過濾，只留下油，就可以當作萬用油來使用。

只是一罐小小的蔥油，然而煉油的人卻得因此忙得團團轉，完全是「螺螄殼裡做道場」，不過這是上海人在家專程做給家人吃的味道，是一種百分之百無添加的「家之味」。煉油的過程中滿室生香，我的想法從一開始的不以為然，轉變到現在的理所當然。

進階到「濃油赤醬」的做法就是如同先前所說的，可以全憑個人喜好加入醬油和烏醋。如果愛吃口味重一點的上海風味，甚至可以加入砂糖和醬油一起煮到糖融解，這也和南方菜習慣加糖有關，而這道蔥油拌麵其實也是源自於蘇州小麵的做法。接著將細麵放入滾水中煮好，撈起至碗中，再淋上先前特製的蔥油醬，務必得徹底拌勻了再吃。

雖然只是一碗光麵，上面沒有蔥和任何配料，但是蔥油包覆著每一根麵條，油亮的麵體上吸附了醬汁的味道，清晰的透著一股蔥的香氣，還有微酸的烏醋提味，更能夠刺激味蕾甦醒過來，僅僅是這樣極簡的味道我就可以稀哩呼嚕的吃上一大碗。

上海人用最簡單的食材將乾拌麵做出了一場完美的演繹，完全體現了蘇州人做菜的那種精緻和細膩程度。

之前偶然看到一部台灣的連續劇《酸甜之味》頗有感觸，覺得一個家的味道就像這道蔥油拌麵：酸中帶甜，簡單的滋味讓人感動。因為這是一個關於「家」的故事，而且是每個家庭多少都會面臨的狀況，或者是親情關係，或者是愛情問題；幾代人之間，包括了夫妻、父子、母女、姊弟、兄弟……彼此因為情感的連結，而在日常生活中發生的許許多多小插曲。

每個家庭都有一張象徵家人團圓的餐桌，餐桌上每道菜的味道猶如家人之間的關係，各種酸甜苦辣都有，同時也透過一年四季中家庭團聚最重要的節日——春節、清明、端午、中秋，來呈現出家庭裡酸酸甜甜的情感與悸動。

當中最讓我印象深刻的是李璇，她在劇中是飾演外婆，精準的詮釋三代之間的互動，而她收放自如、爐火純青的演技深深感動了我，讓酸甜的「家之味」充滿了濃厚的情感刻畫。

李璇是寶島台灣的奧黛麗赫本，她的美是一種深入骨髓的優雅和聖潔，定靜生慧又能活脫一個做自己，有別於歷盡滄桑的古典

蔥油包覆著每一根麵條，油亮的麵體上吸附了醬汁的味道，更能夠刺激味蕾甦醒過來。

美人，同時以前她也是京劇、電影、電視三棲的硬底子女演員，正是典型上海人說的「老戲骨」。當年李璇可說是紅極一時的電影明星，可是她卻為了家庭毅然決然淡出演藝圈。

不過我始終覺得有點遺憾，還在重溫《酸甜之味》，發現了賀一航不同於以往他在歌唱和綜藝節目主持方面的才華，他的演技在這部戲劇中發揮得淋漓盡致。無奈時間不留人，優秀的演員才開始在戲劇圈有好的發展，人生便戛然而止，留下一部好作品，成為我心目中的最佳男主角，也很慶幸他留下了有別於歌廳秀的作品，令人刮目相看、印象深刻。

有的父母習慣用病痛來討拍，也有一種父母的愛，是什麼都不說出來，在電影《喜福會》中和這部《酸甜之味》有著某種程度的雷同。也許，所有的家庭關係間所面臨的都是極為相似的場景，只不過劇中主角換成了你我。

因為母親有強迫症，對於很多事情有著自己的固執與堅持，當我們兩個人碰在一起，就經常會發生「打死結」的無解情形。透過這部劇，我重新思考和母親之間的互動關係該如何調整與拿捏，畢竟每個人都得在悲歡交織中去修煉，才能夠歡喜自在的過日子。

阿鴻上菜

回鍋肉

冬天盛產蔥的時候，可以用上海人吃蔥油拌麵的概念，將五花肉連皮帶肉切成一公分長條，放入鍋中爆炒出油。再放大量的三星蔥，先放蔥白部分炒香，再放綠色部分的蔥段，然後悶蓋讓味道融合，最後加入醬油、糖拌炒調味，就是好吃的經典家常菜。

南瓜豆漿布丁

愛有多深，路有多長之老爸廚房

多年以前，住在上海的那段日子，我有幸認識了周祥俊醫師，他不但是我的醫生，也是至交好友，同時還是我在工作上的合作夥伴。在上海的後期，我漸漸減少了工作量，從商業區搬到郊區，融入當地的生活節奏。

而周醫師的爸爸，我們都喊他「老周」，那陣子剛好住在老周家，我原本完全沒有吃早餐的習慣，有幸得到周老爸的照拂，開啟了我的食養之路。

老周是個典型的上海人，更是個非常道地，懂得保有生活情趣的上海男人。上海人最為人所津津樂道的，就是他們非常懂得過小日子，正是應驗了「螺螄殼裡做道場」那句話。不論身處再怎麼小的地方，上海人也都能怡然自得的施展開來，天寬地闊，自有一方天地與一處風景，而這樣別具滋味的「生活小確幸」更是讓人欣羨不已。

「早餐很重要，一定要吃」這是一句我們大家都耳熟能詳的廣告詞，沒想到，上海人對於「吃早餐」這件事也極為注重。周老爸甚至還要求我們每天都要乖乖的吃早餐才能出門工作，他認為吃早餐可以維持一整天的神清氣爽、精神飽滿。

村上春樹說：「儀式很重要。」《小王子》裡的狐狸也曾經和小王子說：「儀式感就是使某一天與其他日子不同，使某一時刻與其他時刻不同。」

生活中的儀式感，是一種認真對待生活，熱愛生命的態度。中國人向來是格外注重「儀式感」的，生活與日常活動依循著二十四節氣，不同的歲時節令緩緩前進，行禮如儀。

而我們的周老爸，也正是老周本人，這位極品的上海好男人，即使是不善表達，但是對於美食始終有種莫名的堅持。他經常每天挖空心思，變著花樣到處去買早點，做早餐，將「吃早餐」這樣的儀式感發揮到極致，所以老周常常被我們戲稱是「騎著小毛驢去淘寶」。

對老周而言，儀式不在未來，也不在過去，只在「此時此刻」，一日之計存在於每天早晨的餐桌上。每天早上，他不是根據鄰居提供的「最新推薦情報」，四處去尋著好吃的生煎，就是精心張羅著各種材料親手煮十穀米粥，用食養的方式來熨貼我的腸胃，還有老上海人最喜歡的四大金剛：大餅（燒餅）、油條、粢飯（飯糰）、豆漿，也是上海灘著名的老味道。

多年之後的今日，老周雖然已經故去，離開我們了，但是他所留下的生命餘韻卻是耐人尋味，令人懷念不已的。網路時代，每個人都很會說愛，也有像老周這樣不擅言詞，不懂說愛的人（或男人）存在，其實，有一種愛是不用說出來，卻早已深刻人心。

周醫師初來台灣乍見永和豆漿頗為驚豔，因為這位來自上海的客人發現：沒想到在台灣竟然也有和上海如此相似的早餐文化，吃的也是極為相似的燒餅、油條、豆漿和飯糰。台北和上海，彷彿相隔的不再是千里之遙的距離，一家小小的早餐店竟然意外慰藉了他的思鄉情懷。

不過周醫師真性情的表示，他覺得台灣的豆漿比上海的還好喝，而且永和豆漿提供的早餐不但精緻、講究、多樣性，更重要的是性價比高，果然非常符合上海人「做人家」（上海話精打細算之意）的本色。

而我們台灣餐飲服務業素負盛名的高品質服務，更是讓他們感到訝異與歡喜，驚訝於只是一家街頭小小的豆漿店，竟然也能提供這麼高水準又熱情的服務。我想，即使是再小的店面或攤販，只要是用心做出來的東西便是誠意俱足，也是我們台灣人常說的「誠意呷水甜」。

說起來，永和豆漿和上海其實也有很深的淵源。早期是上海人把早餐文化帶到台灣來，最初也是上海人在台灣開早點店，賣起了豆漿、飯糰、燒餅和油條。

上海人是出了名的愛打麻將，於是便教會了在他們手底下工作的一群客家人，如何製作這些上海早點，以便可以在牌桌上奮戰通宵。演變到後來，加入了越來越多的各式餐點，早餐店也越開越晚，甚至還有二十四小時營業的，就是我們今天所熟知的永和豆漿了。

另一個最能夠體現出上海人注重早餐的證明，就是每家每戶至少都有一、兩台的九陽豆漿機，可以每天早上喝自己現磨現煮、新鮮營養又熱呼呼的豆漿，而且喝起來香醇濃郁的風味，和外面用黃豆粉沖泡的豆漿截然不同。

上海人常說「屋裡廂」，就是在家裡的意思，對於喜愛「宅」在家裡經營生活小情趣的上海人來說，是最適合不過了。

除了豆漿之外，在周老爸眾多的養生早餐清單中，最讓我念念不忘的，就是他親手做的「南瓜豆漿布丁」，這也是我記憶中這輩子所吃過最好吃的布丁。這就得歸功於周醫師的媽媽，以她強大的情報網和社區大媽們互通養生資訊，最後再經過無數次的試驗與修正，成為周老爸早餐排行榜中我最愛的第一名。

南瓜富含鈣質、蛋白質、維他命、鐵質，南瓜籽又具有鋅，是一種全食概念的食材。食療同源，與其單方吃南瓜，不如選用複方的做法，讓身體加倍吸收，不僅可以預防更年期，對於上了年紀的人來說，還可預防膝蓋老化，以及維護男性泌尿系統，都有不錯的功效。

做法是先將栗子南瓜清洗後切角塊，連皮帶籽去蒸，接著將一個雞蛋打散與豆漿拌勻，再和南瓜放在一起蒸二十五分鐘，就是一道養生可口的「南瓜豆漿布丁」。那種合而為一的味道，既像布丁又像蒸蛋，吃得到多層次的甜，清爽無負擔，無論是熱熱的吃，還是吃冰的，當作早餐或點心，豐儉由人，皆有不同的風味。

阿鴻上菜

豆漿竹塹餅

中筋麵粉加上少許酵母、老麵、荳蔻、丁香粉、綠島鹽之花混合，加入溫熱的豆漿拌成麵糰，揉出筋性後靜置醒麵，三十分鐘後再揉一次，然後將麵糰擀成餅狀，放在鍋中用乾烙的方式烙餅，直至表面呈現泛黃，即為富有麵香、蛋白質和胺基酸的高鈣竹塹餅。與台東卑南族阿塱伊部落廚房推廣的「不煎炸」做法相同，也是一種攜帶方便的乾糧，加入了丁香、荳蔻就是一種極為養生的台式Taco。

老豆蔥油餅

找樂趣，過生活，玩創意

我在上海的時間，有大半的日子都是住在周老爸的家，而我們的早餐也是由這位典型的上海「老克勒」幫我們四處挖掘美食，並且發揮創意加以料理製作的。周老爸是個老饕，不但很懂得吃，講究吃，也深諳美食與養生的平衡之道，但凡經過他的巧手改造，吃過的人莫不是讚不絕口，驚嘆不已的。

老克勒是一句老上海話，意思是形容講究生活美學與品味，又懂得過日子的人。很多人誤以為生活品味和懂得過日子必須得去幾星級的米其林餐廳吃飯才算是有品味，其實上海人平素也和大家一樣，「有錢講究，沒錢將就」，對於怎麼過生活，上海人很有自己的一套見地與作為。

在平凡的生活中尋找一點點、一些些小小的驚喜和雀躍，然後老克勒憑藉著他們對於味道、感官，以及食材的了解，並且善加利用想像，激發出生活中無限的創意與樂趣，簡單來說，就是「找樂趣，過生活，玩創意」。

因此上海人的表象總給人一種精緻、體面、有品味，還多了點與眾不同的靈動，這些都是構成上海人血液裡的文化基因與生活價值觀。

阿鴻來到上海多年，自然也受到了上海的美學觀念與飲食文化影響，深深體會「有品味不用高消費」的奧義，只需懂得用心去觀察生活細微處和多多探索與了解周遭的世界，再融入自己的慧心巧思，其實你就能夠創造出屬於自己的品味，而這也是上海「老克勒」的真正意涵。

上海原本就是一個融入諸多外來文化，兼容並蓄、包羅萬象的城市。在上海，仍然有很大一部分保留了傳統文化與歷史底蘊，同時江南的吳越文化融入此地的痕跡依然清晰可見。加上清末民初時期曾經受列強殖民文化的影

上海蔥油餅
採用傳統的炭火煎烤，
相當費時費工。
麵糰下鍋後，
得先在油鍋裡
把蔥油餅煎成金黃色，
翻面時再用一種金屬的壓餅器
把蔥油餅稍微按壓開來，
讓餅的口感吃起來更為鬆軟。

響與代表著西方近代工業文明發展的海派文化……，種種多元的文化為上海不斷注入新血。

獨特的城市風格和豐富的內涵層次，才會造就了現在我們所看到的上海，否則又怎會被稱為「魔都上海」呢？

周老爸不知從什麼地方找來一種蔥油餅，厚度一公分以上，直徑十公分左右，拿起來大約是手掌的大小，和我們在台灣吃到那種餅皮較薄、較軟的形式有很大的不同，反而比較接近北方的烙餅。

這是一種相當道地的老上海人早餐，麵糰都是現擀現做，裡頭除了包裹了大量的蔥花和豬板油之外，還塗了一種獨特的祕密武器——油酥，才能使得這塊小小的蔥油餅的口感與層次顯得酥鬆可口，與眾不同，每每吸引了長長的人龍耐心排隊等候。

更特別的是，這種上海蔥油餅還是採用傳統的炭火煎烤，相當費時費工。麵糰下鍋後，得先在油鍋裡把蔥油餅煎成金黃色，翻面時再用一種金屬的壓餅器把蔥油餅稍微按壓開來，讓餅的口感吃起來更為鬆軟，來回幾次將兩面煎至金黃酥脆之後，還得放到炭火爐邊上烘烤，把裡頭的油逼出來，外表香脆，內層酥鬆的上海蔥油餅才算大功告成，即使是小店也相當講究工序與步驟。

買回來的蔥油餅還保有餘溫，但也不是就這樣直接上了餐桌，周老爸還會把餅放至鍋中重新加熱，用鍋底的熱氣再把油逼出來一些，好讓我們能夠吃得稍稍健康一點。然後周老爸發揮他一貫的美學創意，在餅皮抹上「臭豆腐乳」，鋪三層，再切兩刀，就是周老爸廚房研發出的「老豆蔥油餅」。

臭豆腐乳雖然聞起來是臭的，吃起來卻是香的，而且還富含維生素B，又具有解膩的作用。這也是我一直想傳遞的「東風西美」的概念，以東方食材做西方演繹，能讓更多人欣賞我們素有的文化之美。現在的年輕人其實已經少有人愛吃這種傳統發酵的豆製品，就算在台北，我也是在多次採訪的過程中，偶然才發現在博愛路與衡陽路有「上海幫」特製的臭豆腐乳。

第一次吃到這種創意蔥油餅，我忍不住想拍案叫絕，這簡直比吃天香回味還有榴槤的境界還高，不單單只是豆腐乳，就像拿到法老王回春的生命密碼一樣high。

這樣搭配的創意吃法其實和法國人將紅酒、麵包搭配藍乳酪一起吃的概念有異曲同工之妙，也像多年前眷村裡的老伯伯一樣，一罐竹葉青或高粱配上烙餅，就已經是人間美味了，足矣。

其實仔細尋思，江南人和法國人還真有許多相似之處：例如都敢吃內臟、喜歡「肝」味料理，法國有鵝肝醬，上海人有醬爆豬肝，而且吃食方面根本都堪稱「肥到深處無怨尤」的境界。

一般普遍認為，現今上海的經濟是當初許多寧波人移民到上海打下來的天下，所以寧波文化也對上海產生了極其深遠的影響。例如在浦商商會中，寧波代表的是貴族，具有強而有力的發言權；寧波紅幫製作的西服、中山裝、改良式旗袍在當時也是引領時代潮流的先驅。

上海方言中著名的「阿拉」一詞即源自寧波話，甚至寧波人愛三臭，喜歡吃臭的美食文化也是赫赫有名，同樣也造就上海人懂得欣賞「越臭越香」的美食觀念。當然安徽的臭鱖魚、毛豆腐、霉豆渣和其他地方以臭聞名的美食，同樣也將上海人的視野提升到一種堪稱「國際級」的

高度。

有時我也會一個人穿街走巷，探訪這種「吃一次少一次」的美食小吃，在殘存的弄堂裡尋找屬於上海的美食地圖與人文風景，以及上海至今還僅存的原始生活面貌與煙火氣。每天早晨，有了這些煙火氣，日子才鮮活了起來，這個城市也才算甦醒過來。

創意料理輕鬆做

客家蜂蜜豆腐乳抹醬

如果實在不能接受臭豆腐乳那種臭到味蕾極致的味道，也可以用客家豆腐乳加上蜂蜜調勻，抹在烤過的吐司或是法國麵包上，無論香氣或風味，都不亞於法國蜂蜜芥末籽醬，有機會不妨一試！

記憶中的鄉愁

中年回歸

排骨酥

經典古早味台菜

正宗台菜餐廳的菜式可說是琳瑯滿目、五花八門，主要源自於台灣獨特的人文地理、歷史傳承與文化融合。

早期先民們跨海移居來台開墾，帶來了閩南菜、福州菜和廣東客家菜。日據時期，位於大稻埕一帶的高級酒樓和餐廳，經常有許多政商名流在此宴客，可說是台菜最早的起源，而後在北投溫泉區林立的酒家菜更儼然成為高級台菜（桌菜）的代名詞。

在那樣的時空背景下，日本料理也在無形中融入了台菜版圖，烹調和處理食材的方式，也對台菜產生深遠的影響。台灣光復之後政府遷台，更是逐步融入了來自大江南北各省各地多樣化的菜系，長期演變至今，便發展出獨樹一幟且自成一派的「台菜」菜系了。

台菜餐廳最大的特色就是堅持不使用大宗物流供應商的冷凍食材，每天早上從備料到處理，所有流程不假他人之手，全都必須親自上陣，聚精會神、搶「鮮」推出的一條龍精神，把有溫度的手感藝術表現在每一道作品上，完全符合法國女人只吃食物不碰加工食品的時尚餐桌品味。

有很多宴席大菜都是源自於「酒家菜」，其中有一些經典傳承的古早味料理，無論經過了多長的時間，經典始終是經典，難以複製和超越，也只有那種具有懷舊風的招牌菜永遠令人回味再三，念念不忘。

排骨酥就是一道很受歡迎而且常見的料理，大至飯店、餐廳，小至路邊店家或小吃攤，無論是宴客聚餐，大宴小酌，當成主菜或是下酒菜餐點，隨處都可以輕易吃到排骨酥，當然每家的排骨酥做法不同，口感也是各有千秋。

台式帶骨的排骨酥口感鹹香酥脆，介於上海炸排骨年糕和台灣的鹽酥雞之間，因此相當受到年輕人的喜愛。通常切好的排骨會用醬油、草果、蒜頭、紅蔥頭酥、蛋黃、五香粉、地瓜粉、米酒等材料先醃製好，與此同時再用雙手幫排骨進行「按摩」，一方面可使排骨肉軟化，並且可讓醬料更加入味。這樣的作用有點類似「濕式熟成」和「舒肥」的概念，讓筋肉組織更為好咬，鬆弛不失其形，保水鎖濕、不乾不柴，方便入口。

等到排骨醃漬半天完全入味後，再放入油溫已升至一百八十度的鍋中油炸至七分熟。起鍋後，還得再經過一次高溫油炸，將油逼出，外表呈現酥脆可口的金黃色澤才算大功告成。

近來感覺台菜又活過來了，也有越來越多的老饕懂得欣賞台式海派所謂「功夫菜」的精采之處。

位於天母的「金蓬萊」，開店迄今已歷經三代經營，具有將近七十年的歷

從前置作業到擺盤上桌，
無一不是師傅們
費盡心思與巧勁，
讓排骨酥呈現出
香、酥、鮮嫩的口感，
才能完美保留與
傳遞數十年不變的懷舊風味。

史，是一家傳承了北投酒家菜的老字號興蓬萊的新品牌餐廳，招牌上也清楚寫著「遵古台菜」，還曾連續在二〇一八、二〇一九、二〇二〇年榮獲台北米其林一星的榮譽與肯定。

金蓬萊傳承經典台菜超過一甲子，也是許多長輩們最喜歡來吃的「古早味」，每到用餐時間總是座無虛席，一位難求，如果想在這裡品嚐道地的美味台菜，通常都得提前預訂才有位子。

這裡的排骨酥可說是老少咸宜，頗受歡迎，是金蓬萊家傳三代的祕製招牌菜，不僅是馳名中外的台式名菜，同時也是一道極度費工、費時的「功夫菜」，更是從第一代創始人開始就已經名動天下的「手路菜」，甚至有人戲稱，如果到金蓬萊沒有點排骨酥來吃，就不能說你去過金蓬萊。

金蓬萊的排骨酥之所以不同凡響的最大原因在於，從選料開始他們就非常堅持。因為每根肋排不只長度不同，甚至連骨頭和肉的厚薄程度也不一，為了讓下鍋油炸的狀態一致，所以師傅們會先將排骨修成大約七到九公分的大小，多的部分則會裁切掉。

炸好之後，師傅們還要用手將排骨酥其中一端的肉往另一側擠壓，露出一截骨頭讓客人方便拿著吃。從前置作業到擺盤上桌，無一不是師傅們費盡心思與巧勁，讓排骨酥呈現出香、酥、鮮嫩的口感，才能完美保留與傳遞數十年不變的懷舊風味。

我們在台灣也經常吃到上海式炸排骨，是挑選厚度較薄的腰肉、腓力、肋排等部位的肉，再用肉錘或刀背來回的將排骨的纖維敲斷，然後以鹽、酒、糖、胡椒粉、五香粉、雞蛋、麵包粉等調料醃漬的西式炸排骨。

萬華人往日最愛的「麗珠炸排骨」和西門町中華路商圈的「金園排骨」，都是我記憶中吃排骨必定會去的口袋名單。

台灣料理已經從酒家菜文化，慢慢地衍伸到重視食材來源的「安心餐桌概念」，加上善用寶島在地食材，採紅擷綠把媽媽的老味道以「東風西美」升級概念呈現，不僅抓住老顧客的胃，也讓年輕人開始追隨。

這就是我們常說的，料理會隨著時代一直不斷在演進與變化，或許是有些食材取得不易或較為罕見，也有可能是因為環保因素或是飲食觀念的改變，而調整食材和做法。況且，現代人的飲食觀念更加注重口味清淡和養生哲學，所以長久以來的飲食習慣也會逐漸改變，因此也讓料理變得更加生動、有內涵。

恭喜多家台菜餐廳連續幾年獲得台北米其林美食林摘星的殊榮，讓台菜得以躍上國際舞台，再次成為人們注目的焦點。也要謝謝CEO美食家林家昌先生的安排與邀約，我才可以不用等候一個月後的預約，讓我再一次重溫頂級的台味。

創意料理輕鬆做

剩食製作排骨酥湯

外食的時候，如果有吃不完的排骨酥或是炸排骨，可以將剩餘的食物打包帶回家，加上一點冬瓜或蘿蔔切塊，用清水蓋過食材，放入電鍋中蒸煮，起鍋時撒上一點調味料和香菜即可，用來拌飯或是拌麵都很適合。

東區正能量飯糰

沒有不景氣，只有不爭氣

十個指頭有長短，荷花出水有高低，不怕別人看不起，就怕自己不爭氣。大家常說「高手在民間」，而東區這家「上順興香Q飯糰」則是再次讓我親眼見證，並且身歷其境的體驗到什麼才是真正的高手。

在台北東區ZARA旁邊的巷子裡，有一個專賣早餐的攤車，每天從清早開始，攤車旁總是排滿了長長的人龍，大家都是為了這裡的飯糰和蔥油餅而來，即使等待的時間稍長，老顧客們也都甘之如飴，耐心等候。

老闆夫婦做人、做生意非常厚道，用閩南語來說，他們不會去「攀」人家，只會「了」自己（意思是不占人便宜，寧可自己吃虧）；無論生意再怎麼競爭，他們依舊選擇「加量不加價」的反饋哲學，讓消費者能在不知不覺中變成朋友，把早餐生意賣到變成午餐還欲罷不能。

我真的很能認同「放下才是真功夫」這句話的意思，沒有不景氣，只有不爭氣，看到老闆夫妻間這種簡單的幸福，讓人整個心都暖了起來。第一次看見這家「夫妻老婆店」，就不由得讓人心生歡喜，滿心愉悅，所以我也忍不住一次帶上十個元氣飯糰給母親吃。

這一對歡喜夫婦，熱情主動、喜樂滿溢的工作態度，就如同東台灣的第一道曙光一樣，使得整個冷漠的東區都亮了起來，讓即使只是路過的民眾看了都忍不住會心一笑，一整天的心情也跟著大好。

而他們把上海人最喜歡的糍飯糰、無糖豆漿、蔥油餅加蛋，以及蘿蔔糕，不停的供應給絡繹不絕的排隊人潮，依靠的是彼此之間的默契與同心協力，才能在一片倒閉潮的東區異軍突起。

一日三餐中，我最喜歡像早餐這樣，能夠補足所有人一日滿滿的正能量，而「上順興香Q飯糰」也讓每一位享受過的人，對於這對賢伉儷的合作無間都留下難忘的印象。

這麼多年來，老闆夫妻始終堅持傳遞著幸福的滋味，煙氣蒸騰、擺滿了豐富餡料的「巨無霸飯糰」，是他們給這些出門在外打拚，從事服務業而且預算有限的年輕人可以活下去的方便法門。在網上被評為四點六顆星的傲人成績，則是夫妻兩人同心協力，培養出來的默契所換來的顧客一致肯定。

熟門熟路的老顧客才知道，要事先打電話預訂，才能夠吃到隱藏版的「蔥油餅飯糰」。這個特製的蔥油餅飯糰「沒有飯」，是用蔥油餅包裹了飯糰內餡，看起來複雜的工序在心靈手巧的組合下，完成了能吃飽又能吃巧的創意之作，不但用料實在，分量十足，吃上一個足以抵上兩餐，改寫了東區高貴不貴的定義。

很多年輕人喜歡吃古巴三明治、帕尼尼追求洋氣，後來接觸這對夫婦的早餐車之後，口味改變，價值觀也跟著改變了。「給我對的，不必給我貴的」，誠實用心、物廉價美的美味才是難得一見。

就像吃麵線不用跑到西門町去排隊，只要有心和用心，每個人自然會有自己專屬的口袋名單。除了赫赫有名的鼎泰豐，我在新店也能吃到好吃又便宜的小籠包……。人生除了懂得享受品味，學會過日子比追求名牌而言，更是一種消費的藝術。

前些日子，因為眼疾的緣故住院治療，在漸漸復原後，特別親自到「上順興香Q飯糰」感謝這一對努力的傳奇夫婦，在我臥床期間送來的元氣飯糰，給我滿滿的正能量以迎接挑戰。

有錢真好友情可貴，惟青春無價且走且珍惜。人生的際遇難以預料，當你經歷過越多，就會發現執著的就越少。人只有在失去後，才能真正體會到生命無常，學會順服與放下，只有在病痛時才能知道珍惜享受食物的味道，感恩能不再成為囚鳥，有如重獲新生的喜悅。

東區的繁華曾經是我年輕時風騷虛榮的記憶，早期也喜歡穿梭精品店，四處走走逛逛，買買東西、殺殺時間。這裡的茶街還有我年輕時，認真做節目一起討論開會的畫面，對照今非昔比的景象，睹物思情，令人有些不勝唏噓。

在夾娃娃機還沒有進駐台北東區前，這裡曾經是繁榮的商業中心，是各大行業競相搶攻插旗的核心精華區，是名流冠蓋，時尚品牌的兵家必爭之地，同時，這裡也是年輕人續攤吃飯、唱歌吃宵夜的不夜城。有乃哥、憲哥、大小S、梁靜茹等不少名人加持在此開店設點，有誕生許多名模的IR餐廳，還有很多唱片發表會都會選擇的主婦之店和曾經一位難求的頂呱呱炸雞。

有誰在當年能夠預料到，從頂呱呱到糖朝，茶街街邊店一家接著一家，因為景氣下滑而不得不結束營業。當這些知名的店家一一歇業之後，川流不息的人群便有如退潮時的潮水般，逐漸地從東區退去不留痕跡。

雖然東區的倒店潮現象持續不斷，還好我的兄弟，東區飯糰一哥完全沒有受景氣影響業績，因為他靠的是物超所值、紮實薄利，加上夫妻的默契，爭取更多回流客幾乎有八成。東區商圈除了粉圓，如今唯有上順興香Q飯糰的夫妻老婆店還一枝獨秀，繼續在原地屹立不搖的努力堅持下去。

生活還是跟飯糰一樣，好吃紮實最重要，「裝逼」真的撐不久。人生在世能先苦而後甘，能在打拚時絕不選擇安逸，他們夫妻倆不僅一邊「做公德」，也一邊為了迎接五十歲來臨之前，提早做好退休的準備。

態度決定高度，老闆寧願自己吃虧，讓客人感覺實惠，願意讓利收服每個遇見的人，而這些來買早餐的年輕人寧願等上半個小時，同時也在無形之中關注別人成功的經驗。

您是否也覺得這樣的經營哲學與智慧很有意思，頗值得細細玩味呢？若非老闆夫妻這種「利人利己」的良善循環，又憑什麼可以在東區變成人氣第一攤呢？「上順興香Q飯糰」至今尚能立於不敗之地，自有他為人處事成功的道理。

年過半百了才學會慈悲真可悲，如今看懂一個充滿正能量的香Q飯糰，這對夫妻改變了我過去對東區虛偽現實的人文印象。下次有機會，您一定也要來親自體會一下。

創意料理輕鬆做

蔥油餅烤飯糰

將家裡吃剩的隔夜飯加上胡椒粉、蔥花、櫻花蝦切末，再打入一顆雞蛋攪拌均勻，形塑成一個扁平的圓團狀之後，放入平底鍋用中小火慢煎，煎至兩面黃即可做出蔥油餅飯糰，不僅成功率高達百分百，更是獨一無二，擁有台灣靈魂的創意日式烤飯糰。

鄭記東坡肉飯

台北街頭飄香一甲子

現在的上海和從前相比，差異最大的地方在於因為都更的關係，加上租金和人力成本不斷上漲的緣故，目前已經很難有機會能在上海找到十年前那種到處都能遇見驚喜的「小確幸」了。

相對的，連鎖品牌一切的設計都是ＳＯＰ制度化的模板，不僅少了個性小店和路邊攤背後所代表的文化意涵與歷史情感，也少了一點人味與溫度。無論去到哪一家分店，可以預見的是，提供的商品和服務，完全都是一模一樣的毫釐不差，在這種冷冰冰的氛圍之下，東西吃起來跟加熱食材一樣，少了點煙火味。

我最愛台北超過上海的地方就是：台北擁有絕佳的生活機能，這是上海所遠遠不及之處。

雖然，台北沒有像上海靜安區一樣寸土寸金，最貴的地段就是在南京西路上那棟白色大理石的建築——全球最大星巴克的所在之地。但是，在台北的任何一個角落都可以很容易發現品味獨具的一個人的咖啡烘焙坊。像這一類上海人口中的「馬大嫂」，台灣人則是說「校長兼撞鐘」，不是品牌加盟的個性小店，卻是最有人味的人文據點。

這種小店的場域空間一般來說並不會太大，店內的陳設裝潢也沒有什麼時尚設計感，但是麻雀雖小，五臟俱全。不是五星級餐廳，卻堅持用五星級的食材，保持跟以前一樣的好味道。

而那些符合人性的「客製化美食」與服務，也是吸引客人到此放鬆一下，隨時充電的強大誘因。跟那些吸引人專程前去打卡朝聖，裝模作樣卻華而不實的店家，反而來得更接地氣，同時也更加貼近我們的日常生活。

例如在台北延平南路上，鄰近捷運北門站附近，就有一家具有六十幾年歷史的「鄭記」，這種傳承兩代，飄香超過一甲子的老店，甚至連百貨公司邀請入駐美食街都加以婉拒。

店外掛著新舊兩個招牌，上面那個已經泛黃陳舊的黃色招牌，歲月留下的痕跡清晰可見。雖然店面小小的，但是從店裡到騎樓的位子，經常是座無虛席，來晚了還得等上一陣子。而醬香四溢的香氣不但牢牢吸引著熟門熟路的老台北人，三不五時就會固定回來此處報到，解解饞，同時也擄獲不少觀光客和路人的味蕾與目光。

「鄭記」後來有再重新製作一塊新的大紅招牌，招牌上碩大的字體只寫了豬腳肉飯、東坡肉飯和虱目魚肚飯三行，他們也是數十年如一日，只賣這三種主食餐點。顯而易見的，豬腳肉飯和東坡肉飯是他們著名的招牌美食，凡

鄭記東坡肉軟爛的口感，
肥而不膩，
濃厚的醬香中隱約帶有
些微的甜味與淡淡的酒香，
在白飯上淋上一匙滷汁，
再搭配上酸菜
和Q彈入 味的滷蛋，
不僅十分下飯，
更可謂人間美味。

鄭記東坡肉

是來此的客人有大半以上都是衝著這兩道佳餚專程來此品嚐的。不過，我卻對他們的「東坡肉飯」情有獨鍾。

「東坡肉」相傳是由蘇東坡所發明的，他不僅是北宋著名的文學家和政治家，而且他也是一位懂得吃，懂得生活情趣，且擅於料理的美食家。據說自從他被貶官到黃州之後，心想反正回京任官無望，於是就開始從各種古書典籍中研究起美食烹飪之道。

他還為了豬肉寫了一首著名的〈豬肉頌〉：

黃州好豬肉，價賤如糞土。富者不肯喫，貧者不解煮。慢著火，少著水，柴頭罨煙燄不起。待他自熟莫催他，火候足時他自美。每日起來打一碗，飽得自家君莫管。

而這道菜也正因為是他所改良發明的，因此被命名為「東坡肉」。南宋時期傳到杭州，更在此地發揚光大，成為流傳至今的江浙名菜。

「東坡肉」一般會選用半肥半瘦的五花肉，切成方正的形狀之後再綁上棉線，然後以醬油和酒為醬汁基底，再用文火經過長時間慢慢的煨煮而成，等到油脂都已融入醬汁中，五花肉表層即呈現出油亮的「黑金」色澤，就表示東坡肉已經滷到極為入味。

鄭記東坡肉軟爛的口感，肥而不膩，濃厚的醬香中隱約帶有些微的甜味與淡淡的酒香，在白飯上淋上一匙滷汁，再搭配上酸菜和Q彈入味的滷蛋，不僅十分下飯，更可謂人間美味。

老闆還非常佛心的提供大骨湯讓顧客們自行取用，不但免費無限暢飲，續碗絕不加價；而且配料還是以時令的菜頭、竹筍、冬瓜、青木瓜、番茄豆腐……幾種食材輪流更替，吃完飯後，來上一碗熱湯，極為清爽、解油膩。

從食材滿溢的一鍋熱湯可以看出老闆給料十分大方，毫不手軟，這種用滿滿的誠意熬出實實在在、濃醇香的大骨湯，也是我一直強調的「人情味」。

只有在這種目前已經逐漸消失，幾乎快要失傳的傳統古早味老店中，才能夠體會與見證真情比酒濃的醇厚情意。

上海的氣候是冬天奇冷，夏天酷熱；寶島台灣的首善之區則是冬無朔風勁吹，夏無烈日曝曬，兼東西南北之優而有之。它的天是溫和的，它的地是滋潤的，它的物產是極為豐富的，而這些物產的價格又是非常便宜的。

生活在這塊風水寶地上的台北人，自然也就用不著操那麼多心，費那麼多力，做那麼多事情。只要消消停停、悠悠閒閒地過過小日子就行，而這也是我喜歡回台北生活多過上海的原因。

阿鴻上菜

零失敗東坡肉

三層肉連皮帶肉改刀切成三公分見方的塊狀，先在平底鍋裡乾煎，將油逼出炒至外表微焦。再起鍋，將東坡肉連同肉汁一起，並倒入紹興酒蓋過食材、加入兩湯匙冰糖和兩～三湯匙的醬油，以及蔥薑蒜、八角等香料，放至電鍋悶煮四十分鐘，就能快速完成軟爛下飯的東坡肉。

古早味滷肉飯

最具台灣味的庶民小吃

如果要我向外國的朋友推薦最具有代表性的三種台灣庶民小吃，應該是滷肉飯、蚵仔麵線和切仔麵了。這三種小吃都是我們生活中，隨處可見的街頭美食，也是我們每個人從小到大始終吃不膩，也忘不掉的日常滋味。

例如在新竹的「竹塹小吃部」，就是在我離家北上工作前常去吃的店，他們店裡是採用每天做貢丸和粉腸所剩下的邊肉來做滷肉飯的，特別是豬頸肉是最適合的，而且老闆還特別選用五花肉來搭配製作，以禁得起時間考驗的肥瘦四比六的黃金比例，軟嫩不油膩的肥瘦肉組合，拿捏得恰如其分，堪稱完美比例。

之前在國外工作漂泊奔走多年，我心心念念的，還是最具台灣味的滷肉飯了。人們都說「味蕾是頑固的鄉愁」，而我這濃得化不開的鄉愁，也只有回到台灣這片土地上，在我常去的小吃店裡，點上一碗滷肉飯和貢丸湯，再配一盤燙青菜和滷蛋、豆干、海帶、豬肝之類的黑白切，才得以稍稍撫慰我那朝思暮想的心中惦念。

原來，滷肉飯早已成為我們生活中不可或缺的一部分，也在無形中成為「故鄉」在意義和情感上的連結，幾乎可以和「鄉愁」畫上等號了。

雖然滷肉飯只是一碗價格實惠的小吃，稱不上什麼山珍海味，也上不了大雅之堂，用的材料也不是多了不起。不過光是聞到那股熟悉的醬香味，看到那油亮的光澤，在剛煮好的白飯淋上幾匙滷汁，不分年齡，無論男女老少，這碗小小的滷肉飯絕對可以讓人連扒好幾口飯，甚至完全不用配菜也無所謂。

古早味滷肉飯，
做法上雖然很花時間，
但只要你精心滷上一鍋，
看到全家大小每個人
都吃得津津有味，
不知不覺中
甚至還多吃了半碗飯。

所以要說滷肉飯是最具代表性的國民小吃，其實一點也不為過。除了街頭巷尾的小吃店到處都有，而且幾乎每家的媽媽都會做，只不過各家有各家的祕訣和比例，吃起來的甜鹹濃淡，箇中滋味也各異其趣。但即使在外面吃到再好吃的陳年老滷，我想，每個人心目中排名第一的滷肉飯，應該還是最有媽媽的味道的那一碗吧！

這種具有古早味的滷肉飯，在做法上雖然很花時間，但只要你精心滷上一鍋，看到全家大小每個人都吃得津津有味，不知不覺中甚至還多吃了半碗飯，你一定會覺得再怎麼辛苦都是非常值得的。

現在阿鴻就來和大家分享「阿嬤的古早味滷肉飯」到底是怎麼做的。

傳統一點的做法會買五花肉回來自己切成條狀製作，優點是可以自行選擇肥瘦比例。不過現代人事事講究快速、方便，所以可以到市場或是超市買現成的豬絞肉，可以節省不少時間。

絞肉同樣可以根據每家喜好的不同，來挑選肥瘦比例，如果肥肉的比例較多，在炒絞肉的時候就不需要放太多油，甚至不必放油；反之，就要視情況先在鍋裡放點油潤一下鍋子，避免產生沾鍋的情形。

首先用中大火將絞肉炒至顏色「恰恰」的狀態，上色後就可以加入切好的紅蔥頭爆香，紅蔥頭是滷肉臊的「靈魂」元素，有些人也許未必會加蒜頭和蔥，但幾乎所有的老媽媽們的家傳食譜中都必然都會放紅蔥頭，這樣可以讓滷肉臊呈現紅蔥頭的天然甘味。

現在做菜和從前相比，其實已經有很多的廚房小家電或是一些神兵利器可以協助。如果媽媽是辛苦的職業婦女們，阿鴻在這裡也分享一個能夠快速偷吃步的做法，就是可以使用市售的油蔥酥來代替，同樣具有提味的效果。

等到紅蔥頭（或油蔥酥）煸出香氣後，接著放入少許冰糖拌炒。一般在滷製東西時都會加入一點點冰糖，目的是讓成品具有糖色，看起來賣相較佳，而且湯汁的味道嚐起來還會帶有一絲絲甘甜，不會過於死鹹，重點是還可以少加一點醬油比較健康。

冰糖完全融化之後再加入少許肉桂、五香粉、甘草粉拌炒，讓滷肉臊的口味和香氣層次更多元。然後將老抽、醬油、米酒分別從鍋邊加入，熗出醬香味，記得要適時攪拌一下，讓整鍋滷肉臊能夠均勻上色。

最後再加水完全淹過肉臊，至少要再高出幾公分，因為還要悶煮上一段時間，所以水量的計算和調味料的量可能要多試幾次才能精準拿捏。口味重一點的，也可隨喜好再灑點胡椒粉調味，然後用中小火悶煮，等到水分收乾一些，就完成了府上獨一無二的「家傳滷肉臊」了。依個人口味而定，呈現出不同的個性，適合不同的演繹的萬用調味醬，無論是拌飯、拌麵、拌米粉都很適合，煮上一鍋放在冰箱裡，吃上一個星期都不成問題。

至於悶煮時想用陶鍋在瓦斯爐上小火慢燉，或者是用大同電鍋、悶燒鍋，甚至是壓力鍋悶煮都可以，只是得因應不同的器具和悶煮方式來調整水量和調味料的多寡。

做菜其實是一種結合了生活、藝術、美學、科學、數學，以及思考邏輯的創作。相同的人在不同的時空，不同的情境與環境下，每一次做出來的料理也未必都會一模一樣，但唯一不變的是，料理的人如果能始終保有為所愛的人做料理的「初心」，那麼這道屬於家族共同記憶的傳家食譜也就能夠把這樣古早的好味道一直傳承下去。

在地好味道

不吃肉也可以很享受

這家位於台東寶桑路口的「蘇天助素食麵」，是當地傳承三代，具有五十年歷史的老店，樸實無華的外觀，卻是著名的排隊美食名店。母親茹素多年，也養成了我和她吃飯時，都得四處尋訪素食料理店，卻沒料到，這是一家會讓人吃上癮的在地好味道。菜單上只有筍湯、湯麵、乾麵、米糕四種選擇，讓人驚喜的是老闆獨門特製的炭燒素肉臊，是用香菇、麵筋、麻醬與米漿製成的，淋在乾麵和米糕上，即使不吃肉也可以很享受，閉眼吃也有意外的驚喜。當然，還要來上一大匙我最愛的辣椒醬才堪稱是完美的句點。

旗魚海鮮米粉

台東成功的美味奇遇

台灣東部的海岸，有著許多讓人讚嘆佩服的自然景觀，也因為得天獨厚的地理環境和氣候因素，帶來極為豐盛的農漁業資源和與眾不同的人文景致，因此，花東地區也成為許多人喜歡來此度假放鬆、品嚐美食的所在。

在台東的成功漁港，你可以吃到全亞洲ＣＰ值最高、最新鮮的「沙西米」，甚至不用特地搭飛機到日本，也能吃到比筑地市場品質更好，更多元的各種海產料理。而我和成功漁港也是結緣於十多年前，當時受台東縣政府之邀，擔任第一屆「新港旗魚季」代言人。

成功漁港又叫做新港漁港，為第二級漁港，是台灣花東地區最大的漁港，同時也是台灣東部海岸近海漁業的重要基地。主要漁獲以旗魚、鬼頭刀、鮪魚而聞名，在市場都是屬於較高級的魚種，大多是外銷和銷往高級餐廳。

台灣的海產本來就有比日本更好的優勢，可是過去我們只顧著賺錢，不懂得過優質生活的重要性，直到地球跑了這麼多圈，浪費了不知道多少的時間，換來半輩子的勞頓與奔波，最後才能深深體會到：還是回到自己家裡最享受。

「物色舊時同，情味中年別」這兩句詩，說的就是我現在心情的最佳寫照。年輕的時候在個性上往往會較為急躁，看東西會比較直觀；可是中年以後，在耐性方面和承受力也改變了很多，對於很多人情世事有更深一層的體會與了解，看事情的角度不一樣了，也更加懂得去欣賞和珍惜身邊所有一切平凡中的不平凡。

來到成功鎮，當然就得請出與我相識多年的好友昱濱，來為我們解說一下關於成功漁港的歷史故事與光榮事蹟。昱濱不僅是「旗遇海味」的負責人，也是個在地的「成功人」，生於斯，長於斯，加上父親從事漁業盤商工作五十多年，從小耳濡目染下，也是對於當地情況相當了解的「海王子」。

阿濱告訴我，黑潮帶鄰近成功附近的海域，也為東部沿海帶來各種豐富的洄游魚類，其中又以秋冬季節的魚最為肥美。而成功漁港素來更是以「鏢旗魚」而聞名，這是源自於日據時期便傳承下來的一種特殊「鏢魚」方式，已經有將近百年歷史。

這種鏢魚的古老技藝，除了對於海洋生態保育具有重要意義，和利用拖網、流刺網、定置網等方式捕捉到的旗魚，在肉質口感上會有很大的差異，現在還保有這項傳統技藝的漁民已經越來越少，可說是碩果僅存，也許再過幾代，「鏢旗魚」漸漸快要失傳了。

旗魚在海中本就是速度敏捷、身形矯健的魚，而且只會在風浪大時才會浮出水面。漁民向來就是靠海吃飯，不僅要面對惡劣的天候，還得和驚險的海象奮戰，鏢旗魚更是要用盡全身的力氣，目光精準，以命拚搏才有可能用重達二十公斤的鏢槍，射中遠在數十公尺外，轉眼消失在海裡的旗魚，機會可說是稍縱即逝。

阿濱承襲父志，他也練就出一身本領，能夠用他的一雙「火眼金睛」，快速地在魚市場看魚、挑魚，將最新鮮美味的海鮮，藉由「旗遇海味」和所有消費者分享這種舌尖上的海味奇遇。

「旗遇海味」的位置靠山面海，臨近成功漁港，加上阿濱將餐廳的窗戶保留了大量的採光設計，使得擁有一望無際的絕佳視野成為最受歡迎的ＶＩＰ位置。很少有餐廳的景觀能夠讓你把漁港的天然海景盡收眼底，如果來的時機剛好，還能看到一艘艘的漁船正準備把最新鮮的漁獲卸載，送到漁市拍賣，在火紅的夕照輝映下，看著遼闊的無敵山景和海景享用美食，豈不是人生一大樂事？也正是現在大家所提倡的「慢生活」。

餐廳裡除了每天有新鮮捕撈上岸的魚可製成不同的生魚片，為「產地即餐桌」做了最佳的詮釋。阿濱還建議，可以先試試不沾「哇沙米」（阿里山山葵醬）的生魚片，用口腔和味蕾全面感受一下海洋的新鮮氣息和魚肉的鮮甜。

「旗遇海味」也由阿濱的媽媽和太太在此坐鎮掌廚，巧手創意變化出一道道讓人垂涎三尺、食指大動的盤中美食。我想到了台北汀州路上的新東南餐廳，有一道「鯧魚米粉」頗受老饕們歡迎，剛好今天來到成功漁港，有著肉質最美味的旗魚，當然得好好把握這種難得的「天時地利」之便，和阿濱媽媽聯手製作一道別開生面的「旗魚海鮮米粉」和「醬燒旗魚」。

將已經去皮處理的旗魚切片，起油鍋用小火煎至表皮上色即可，不需要煎到全熟，才可以鎖住魚肉本來的鮮甜滋味。取出旗魚，再用魚油煸炒紅蔥頭，這是台式古早味的正港精神，也是煮米粉湯不可缺少的重要角色。

另煮一鍋水，煮湯圓和米粉，待米粉軟化後加入先前已經煎好的旗魚和紅蔥頭，再用鹽和胡椒粉調味，最後再把蒜苗切絲，撒一點食用玫瑰花瓣裝飾，就是一道可遇不可求的「旗魚海鮮米粉」。

湯頭裡不但融合了米粉的米香，以及紅蔥頭和旗魚的鮮甜味道，還有色彩繽紛的湯圓、蒜苗以及玫瑰花瓣在旁邊組成啦啦隊，是不是也讓人感受到一股活力與朝氣？吃起來保證心情會更好。

因為旗魚不易取得，早期也有使用鮪魚罐頭替代旗魚，改成庶民版的海鮮米粉，一般民眾為了能夠吃到海味，也全是衝著一個「鮮」字而去的。

至於醬燒旗魚的做法就先賣個關子，留待各位有機會來到成功漁港的「旗遇海味」，再來找阿濱媽媽親自品嚐吧！

阿鴻的行動餐桌

邸 TAIDANG

https://www.facebook.com/DeTaiDang/videos/2388098394633468/

鴻食代 Home Style——27 道人生菜單

國家圖書館出版品預行編目（CIP）資料

鴻食代 Home style：27 道人生菜單／陳鴻著 . -- 初版 . -- 臺北市：
健行文化出版：九歌發行，2020.10
256 面；14.8×21 公分 . --（愛生活；55）
ISBN 978-986-99083-4-4（平裝）
1. 飲食風俗　2. 臺灣
538.7833　109013512

作　　者——陳鴻
繪　　圖——郭正宏
責任編輯——曾敏英
編輯協力——高美慧
發 行 人——蔡澤蘋
出　　版——健行文化出版事業有限公司
台北市 105 八德路 3 段 12 巷 57 弄 40 號
電話／02-25776564・傳真／02-25789205
郵政劃撥／0112295-1

九歌文學網　www.chiuko.com.tw

排　　版——綠貝殼資訊有限公司
印　　刷——前進彩藝有限公司
法律顧問——龍躍天律師・蕭雄淋律師・董安丹律師
發　　行——九歌出版社有限公司
台北市 105 八德路 3 段 12 巷 57 弄 40 號
電話／02-25776564・傳真／02-25789205
初　　版——2020 年 10 月
定　　價——360 元
書　　號——0207055
I S B N——978-986-99083-4-4